Carolina Kalvelage | Claudia Peccard

111 Orte in Abu Dhabi, die man gesehen haben muss

111

emons:

Bibliografische Information der Deutschen Nationalbibliothek
Die Deutsche Nationalbibliothek verzeichnet diese Publikation in der Deutschen Nationalbibliografie; detaillierte bibliografische Daten sind im Internet über http://dnb.d-nb.e abrufbar.

MIX
Papier | Fördert gute Waldnutzung
FSC® C083411
FSC www.fsc.org

Gestaltung: Eva Kraskes, nach einem
Konzept von Lübbeke | Naumann | Thoben
Kartografie: altancicek.design, www.altancicek.de
Kartenbasisinformationen aus Openstreetmap,

Druck und Bindung: CPI – Clausen & Bosse, Leck
Printed in Germany 2022
ISBN 978-3-7408-1467-0

Vorwort

Das faszinierende Spiel von Licht und Schatten unter der Kuppel des Louvre, die kilometerlange, von Palmen gesäumte Corniche, vibrierende Märkte und Restaurants mit Genüssen aus Orient und Okzident, modernste Architektur und Bewohner, die aus aller Welt stammen und ein Hospital, das ausschließlich Falken versorgt: All das und Vieles mehr macht Abu Dhabi heute aus und bietet reichlich Anreiz, es zu besuchen.

Abu Dhabi ist das größte der sieben Emirate, seine gleichnamige Hauptstadt ist Regierungssitz der 1971 gegründeten Föderation. Helle Bauten mit viel Glas ragen weit in den Himmel hinauf, viele von ihnen sind ultramodern – auch was ihre Energieeffizienz angeht – und konzipiert von den renommiertesten Architekten der Welt. Dass es hier vor 50 Jahren nur Sand, Wüste und wenige Perlenfischer gab, ist kaum vorstellbar.

Mehr als 2,9 Millionen Menschen leben heute in Abu Dhabi und circa 80 Prozent von ihnen stammen aus dem Ausland. Sie arbeiten in allen Wirtschaftszweigen und sorgen für eine abwechslungsreiche und kosmopolitische Atmosphäre. Der opulente Reichtum, den das Emirat in der großen Moschee, dem Emirate Palace oder Präsidentenpalast präsentiert, überwältigt jeden Besucher. Auch kulturell hat Abu Dhabi heute viel zu bieten – ständig entstehen neue Museen, und weltberühmt sind der 2017 eröffnete und von Jean Nouvel entworfene Ableger des Louvre oder die elegant geschwungene Sheikh-Zayed-Brücke von Zaha Hadid.

Im Nahen Osten zählt das Emirat zu den am schnellsten wachsenden Reisezielen, deutsche Urlauber bilden nach Engländern und Indern die drittgrößte Touristengruppe. Die ideale Reisezeit liegt zwischen November und März und ein Besuch in der Wüste gehört unbedingt dazu! Dazu Mangrovenwälder und türkisblaues Wasser, das zum Baden einlädt – nicht zu vergessen, der Geschmack der Datteln zum gewürzten Kaffee! Begeben Sie sich auf eine faszinierende Reise.

111 Orte

1 1762 The Gourmet Deli

Lunch nach Art des Earl of Sandwich

Zwischen dem geschwungenen Appartementhaus Al Ain Tower und den Bürotürmen CI Tower erstreckt sich ein geschäftiges Viertel. Hier gibt es die typischen Filialen bekannter Kaffeehausketten, in denen sich Anwohner und Geschäftsleute mischen. Den ganzen Tag über herrscht lokale Betriebsamkeit. Seit 2020 befindet sich hier das »1762«; ein kleines feines Restaurant, von seinen Betreibern als »Gourmet Deli« bezeichnet. Das Stammhaus dieses erfolgreichen Unternehmens steht in Dubai. Während der Woche wird das »1762« vorherrschend von Geschäftsleuten zum Lunch genutzt. Am Wochenende ist es beliebt für einen Besuch mit der ganzen Familie. Im Angebot sind köstliche Salate und Sandwiches – Letzteren verdankt das Lokal seinen Namen. Es heißt nämlich, dass das Sandwich im Jahr 1762 erfunden wurde.

Die Geschichte dazu geht so: Während einer seiner nicht enden wollenden, heiß geliebten Kartenrunden plagte den vierten Earl of Sandwich, John Montagu, der Hunger. Seinem Koch rief er zu, er wolle einfach rohes Rindersteak zwischen zwei Brotscheiben – denn nur wegen einer Mahlzeit mochte er die Partie schließlich nicht unterbrechen. Oder hatte er doch vor, irgendwie ein Ass darin zu verstecken? Jedenfalls kamen auch seine Mitspieler gleich auf den Geschmack und verlangten nach einer ebensolchen Mahlzeit: Das Sandwich war geboren. Bis es salonfähig wurde, sollte allerdings noch eine ganze Weile vergehen.

Das »1762« wurde 2010 in Dubai gegründet, dort existieren mittlerweile vier Filialen. In Abu Dhabi ist diese bisher die einzige. Gegenüber dem Lokal ist an einer Hauswand das große Gemälde einer traditionell verschleierten Beduinin zu sehen, ein Beispiel für Abu Dhabis Street-Art-Szene. Seine lebhafte Atmosphäre verdankt die Gegend ihrem interessanten Mix aus Wohnhäusern und Büros, Kunstgalerien und Cafés, Spielplätzen und Restaurants – und dem »1762«!

Adresse 233 Zayed The First Street, www.1762.ae | **Anfahrt** Am besten an der Corniche parken. Von hier aus über die Al Bateen Street zweite Straße links abbiegen und dann gleich wieder rechts. | **Öffnungszeiten** täglich 8–22 Uhr | **Tipp** Von hier aus gelangt man schnell zu einem Verdauungsspaziergang an die Corniche, oder man hält sich weiter im Viertel auf und besucht die Kunstgalerie N2N.

2 Der ADNOC-Bohrturm

Tief hinein ins Erdreich

Was die Entwicklung der Ölindustrie angeht, so kann man Abu Dhabi wohl als den Spätzünder des Nahen Ostens bezeichnen. Erst 1962 wurde hier mit der Ölgewinnung begonnen, obwohl man sich bereits 30 Jahre vorher auf die Suche nach dem schwarzen Gold begeben hatte. Der Zweite Weltkrieg, die bis dahin kaum vorhandene Infrastruktur und manchmal auch technische Probleme verzögerten die weitere Entwicklung. Dann aber gelang der Durchbruch, und das Emirat machte sich auf in eine glorreiche Zukunft.

Als erstes und ältestes Areal der VAE gilt das Ölfeld Bab, auf dem Anfang der 1960er Jahre mit der Ölgewinnung begonnen werden konnte. Das gigantische Onshore-Gebiet gehört der ADNOC (Abu Dhabi National Oil Company), und hier werden auch heute noch riesige Mengen zutage gefördert. Der nachgebildete Bohrturm, den man heute vor dem ADNOC-Firmensitz entdecken kann, brachte zwar keine öligen Funde ans Licht, aber hier können sich Neugierige zumindest einmal eine Attrappe eines solch imposanten Gerätes aus der Nähe anschauen. Zur Erdölförderung sind sie unerlässlich; jede Bohrung beginnt damit, solch einen Turm zu errichten. Dann hebt das schwere Bohrgestänge in der Mitte mit Hilfe eines Meißels zuerst das Loch für die Ölquelle aus. Das hohe Gewicht sorgt dafür, dass es sich durch die verschiedenen Gesteinsschichten fräsen kann. Ungefähr sechs Wochen später kann der Turm wieder abgebaut werden, und erst dann kann die tatsächliche Ölförderung vorbereitet werden. Welches weitere Verfahren man hierfür nutzt, hängt von der jeweiligen Beschaffenheit des Ortes ab.

Die staatliche Ölgesellschaft ADNOC verfügt heute über insgesamt elf Öl- und Gasfelder. Die nebeneinanderliegenden Ölfelder Upper Zakum und Lower Zakum, 84 Kilometer nordwestlich von Abu Dhabi gelegen, gelten gemeinsam als viertgrößte ihrer Art weltweit. In Jebel Dhanna und Fudschaira betreibt ADNOC zwei Exportterminals.

Adresse ADNOC Headquartes, Corniche Road. Der Bohrturm steht an der Ecke zur King Abdullah Bin Abdulaziz Al Saud Street | **Anfahrt** Die Corniche in Richtung Emirates Palace fahren. Das ADNOC Headquarter steht gegenüber dem Founder's Memorial Denkmal. | **Tipp** Ein kleiner Spaziergang vom Bohrturm aus entlang der King Abdullah Bin Abdulaziz Al Saud Street führt zu einem Kunstwerk aus Stahlstelen: Steht man direkt davor, erkennt man das Porträt Scheich Zayids.

3 Die Al-Aziz-Moschee

Eine Fassade voller Geheimnisse

Die fünf täglichen Gebete der Muslime, deren genaue Uhrzeiten in den Tageszeitungen veröffentlicht werden, dürfen prinzipiell überall ausgeführt werden. Nur das Freitagsgebet ist an die Moschee gebunden. Aber es gilt als besonders wertvoll, auch innerhalb der Woche in einer Moschee zu beten, um die Zugehörigkeit zur muslimischen Gemeinschaft stärker zum Ausdruck zu bringen. An Moscheen fehlt es Abu Dhabi nicht. Im ganzen Emirat gab es 2020 schon circa 2.800.

Die Al-Aziz-Moschee wurde zum Ramadan 2015 eingeweiht. Sie zählt zu den modernsten der Stadt und zieht mit ihrem avantgardistischen Design in der futuristischen Skyline Al Reems die Blicke auf sich. Die grünen Fenster passen perfekt zum Gebäude im Hintergrund. Das frei stehende Minarett, das sich zum Himmel hin verjüngt, sieht aus wie geschnitzt. Genauso die Kuppel, die aus dreieckigen Fensterelementen besteht und von einem liegenden goldenen Halbmond geziert wird. Aber das eigentliche Glanzstück der Moschee sind ihre Außenfassaden: Die 207 handgefertigten Betonelemente wurden mit den 99 Namen Allahs beschrieben und anschließend sandgestrahlt, um mit dem übrigen Bau eine Einheit zu bilden. Bei hellem Sonnenlicht fällt die arabische Schriftkunst kaum auf, nach Sonnenuntergang aber erstrahlt jeder einzelne Buchstabe – ein unglaublich schöner Anblick.

Möglich gemacht hat dies das deutsche Start-up LUCEM der Universität Aachen, das den lichtdurchlässigen Beton erfunden und hier auf 515 Quadratmetern eine einzigartige Fassade erschaffen hat. Dazu wurden von Hand Glasfasern in den Baustoff eingefügt, die, angeleuchtet von dahinterliegenden LEDs, Licht durch den Beton leiten. Die Moschee hat drei Gebetsräume mit 2.270 Gebetsplätzen und ausreichend Parkplätze. Al Aziz ist einer ihrer 99 Beinamen und bedeutet »der Mächtige«. Der hundertste Name Allahs ist übrigens geheim – demjenigen, der ihn kennt, soll er große Macht verleihen.

Adresse Hazza Bin Zayed the First Street, Al Reem | Anfahrt Über die Al Falah Street in Richtung Reem Island, rechts halten und der Al Matla'i Street folgen. Rechts in die Khor 'Azeez Street abbiegen, die in einem großen Boden direkt auf den Parkplatz der Moschee führt. | Öffnungszeiten Die Moschee ist nur von außen zu besichtigen | Tipp In der Nähe hat im Frühjahr 2022 die Reem Mall mit dem größten Innenschneepark der Welt eröffnet, der sich schlicht Snow nennt.

4 Die Al Bateen Mall

Osteuropäische Architektur trifft arabische Kultur

Der Betonbau mit seinen imposanten Seitenflügeln steht mitten auf einem für das Gebäude etwas überdimensionierten Parkplatz. Kaum zu glauben, dass an diesem Ort vor 30 Jahren noch reger Busverkehr herrschte – bei der Al Bateen Mall handelt es sich nämlich um einen stillgelegten Busbahnhof. Schnell erklärt sich dann die gewölbte Form des Gebäudes mit seinen schattenspendenden Seitenflügeln, die die wartenden Passagiere vor der Sonne schützen sollten. Dieser bewusst überschaubar gehaltene Busbahnhof entstand etwa zeitgleich zur Central Bus Station und dem Busbahnhof in der Tourist Club Area. Während der Tourist Club Busbahnhof für Langstrecken in andere Emirate vorgesehen war, sollten von Al Bateen aus vor allem Touren in die nähere Umgebung wie Mussafah starten und als Zubringer für den Zentralbahnhof fungieren. Transport war das zentrale Thema dieser Zeit, in der nicht nur das Busnetz stark ausgebaut wurde, sondern auch viele neue Straßen entstanden.

Alle drei Bahnhöfe stammen vom selben Architektur- und Ingenieurbüro: der bulgarischen Firma Technoexportstroy. In den 1980er Jahren wurden vermehrt osteuropäische Architekten beauftragt, die ihre baulichen Einflüsse in die Hauptstadt der Vereinigten Arabischen Emirate mitbrachten. Schon Mitte der 1990er Jahre, nach knapp zehn Jahren Betrieb, hatte das Gebäude als Busbahnhof ausgedient. Seither beherbergt es einen Supermarkt, eine Eisdiele und kleinere Läden des täglichen Bedarfs, die hauptsächlich für die Anwohner des Viertels interessant sein dürften. Ein Ticketautomat für Busfahrkarten ist in der Mall aber immer noch zu finden.

Eine in die Jahre gekommene Moschee mit türkisblauem Dach und Minarett geben dem Platz besonderen Charme. So auch das angrenzende Art House Cafe (Kapitel 13) und die Etihad Modern Art Gallery. Der Bahnhof steht übrigens mittlerweile auf der Liste der erhaltenswerten Gebäude Abu Dhabis und ist so vor dem Abriss geschützt.

Adresse Al Bateen Street, Ecke Al Falah Street | **Anfahrt** Von der Corniche aus der Al Bateen Street folgen. Nach circa einem Kilometer stößt sie auf die Al Falah Street. In diese links und gleich wieder rechts zur Mall abbiegen. | **Tipp** Aus derselben Epoche und vom selben Architekturbüro stammt auch das Abu-Dhabi-City-Municipality-Gebäude aus dem Jahr 1985, Sheikh Zayed Bin Sultan Road, Ecke Al Falah Street.

5 Al Hudayriyat Cycle Track

Strampeln für Klima und Puls

Radfahren im Wüstenstaat? Sicherlich nicht die erste Art Fortbewegung, an die man bei gleißendem Sonnenlicht denkt. Dennoch: Abu Dhabi wurde kürzlich von der renommierten Schweizer UCI (Union Cycliste Internationale) in den Stand der fahrradfreundlichen Städte erhoben!

Und tatsächlich: Radfahren hat in den Emiraten Hochkonjunktur. Fahrradläden schießen aus dem Boden wie Pilze, und Radclubs werben um Mitglieder. Die Stadt zieht mit und schafft jede Menge Radwege in der Stadt sowie auch außerhalb. Dabei steht nicht nur der Sport im Vordergrund: Auch Alltagserledigungen und Fahrten zum Büro sollen per Zweirad möglich gemacht werden. Auch in den Emiraten ist der CO_2-Ausstoß schließlich mittlerweile ein Thema. Auf einem Weg namens »Abu Dhabi Loop« sollen in naher Zukunft 109 Kilometer neue Radwege die Sehenswürdigkeiten der Stadt verbinden. Trotz hoher Temperaturen schwingen sich Sportbegeisterte aufs Rad – übrigens nicht selten bei Nacht, weshalb die Radstrecken auch gut beleuchtet sind. Optionen gibt es mittlerweile reichlich. Jeden Sonntag und Dienstag öffnet zum Beispiel die Formel-1-Rennstrecke auf Yas kostenlos ihre Pforten und lässt Radler auf die Piste.

Auch auf der Sportinsel Hudayriyat ist eine tolle Radstrecke entstanden. Verschiedene Streckenlängen von drei bis zehn Kilometern stehen hier zur Auswahl. Auf der einen Seite wird man mit dem Blick auf Abu Dhabis Skyline belohnt, auf der anderen mit der Aussicht auf das offene Meer. Die Strecke ist kostenlos, autofrei und beleuchtet. Ein besonderes Highlight ist der kurze Abstecher, den der Radweg über das Meer macht. In unmittelbarer Nachbarschaft des Radsportwegs soll eine überdachte Radrennbahn mit 3.500 Sitzplätzen gebaut werden.

Abu Dhabi hat es zudem wieder einmal geschafft, sich im Profisport zu etablieren. Inzwischen gibt es ein international bedeutendes Etappenrennen, das durch alle sieben Emirate führt und die Weltelite des Radsports anlockt.

Adresse Al Hudayriyat Island, auf der Seite cyclingtracks.ae gibt es detailgenaue Pläne zu allen Radstrecken in Abu Dhabi. | Anfahrt Von der Corniche über die Al Bateen Street stadtauswärts, in die Shakhbout Bin Sultan Street abbiegen, über die Brücke fahren und auf der Insel den Schildern folgen. | Öffnungszeiten täglich 5–24 Uhr | Tipp Eine fantastische Radstrecke durch die Wüstenlandschaft gibt es in Al Wathba, einem Vorort Abu Dhabis. Sie ist bei Nacht beleuchtet und führt über mehrere mögliche Routen von acht bis 30 Kilometern pro Runde.

6 Das Al-Ibrahimi-Gebäude

Flechtwerk aus Beton

Bauwerke aus den 1980er Jahren gelten in Abu Dhabi als Schnee von gestern. Umso erfreulicher, dass einige interessante Gebäude dieser Epoche bis heute zwischenzeitlich erwägten Abrissplänen trotzen. Mittlerweile hat die Regierung den Wert dieser Bauwerke für die eigene Stadtgeschichte erkannt und lässt Neubauten nur nach Vorlage eines historischen Gutachtens zu.

Ein Spaziergang durch die Electra Street, deren offizieller Name Zayed the First Street lautet, gleicht einer kurzen Zeitreise in die verschiedenen städtebaulichen Phasen. Grundstein für die »Ordnung« Abu Dhabis legte der japanische Städteplaner Katsuhiko Takahashi, der 1969 nach Abu Dhabi kam. Die schnell wachsende Metropole brauchte eine Struktur sowie mehrspurige Straßen, Grünanlagen und Wohnblocks. Ein anderer Name, der fest mit der Stadtentwicklung Abu Dhabis verknüpft ist, ist Abdul Rahman Makhlouf. Der gebürtige Ägypter war Mitbegründer des Amtes für Stadtentwicklung und dort bis 1976 oberster Dienstherr.

Für die Architektur der Moderne, die erst Anfang der 1980er Jahre den Weg nach Abu Dhabi fand, steht beispielhaft das Saeed-Al-Kalali-Gebäude. Besser bekannt ist es unter dem Namen Al Ibrahimi, benannt nach dem gleichnamigen Restaurant, das im Erdgeschoss lokale Gerichte serviert. Das 16-stöckige Appartementhaus steht auf einem runden Fundament und bildet schon deshalb eine Besonderheit. Seine Form gleicht einem weißen, aus Beton geflochtenen Korb. In den Außenlinien liegen Balkone, die zugleich für Schatten in den darunterliegenden Wohnungen sorgen. Der Eingang zum Gebäude liegt auf seiner Rückseite. Dort schließt sich ein Viertel mit meist niedriger traditioneller Bebauung an. Das auffallende Hochhaus aus dem Jahr 1983 wird dem ägyptischen Architekten Farouk El Gohary zugeschrieben, der in Kairo und London Architektur studierte und anschließend eine bedeutende Karriere machte. Im November 2020 verstarb er 83-jährig in Kairo.

Adresse 920, Sheikh Zayed The First Street, zwischen Sultan Bin Zayed The First Street und Thughour Street. | **Anfahrt** Von der Corniche aus der Sultan Bin Zayed The First Street folgen und dann links in die Zayed The First Street abbiegen; das Gebäude liegt nach circa 500 Metern auf der rechten Seite. | **Tipp** Ein wenig weiter in Richtung Qasr Al Hosn steht ein Bau mit 17 Stockwerken, der Buty Al-Otaiba Tower. Das 1982 errichtete Gebäude mit seiner sandfarbenen Fassade fällt durch seine unzähligen kleinen sechseckigen Fenster ins Auge.

7 Der Al Maqta Watchtower

Wächter der Gezeiten

Der kleine Wachturm, der hier stoisch auf seiner kleinen Steininsel zwischen der Sheikh-Zayed-Brücke und der Al Maqta Bridge im Meer steht, hat in den 200 Jahren seiner Existenz schon so einiges vorbeiziehen sehen. Einst war hier die ideale Stelle, um von der Insel aufs Festland zu gelangen. Bei Ebbe erlaubte das dann flache Wasser an dieser Stelle den Karawanen, sicher das Festland zu erreichen. Diese zogen im Sommer in das kühlere Al Ain, im Winter kehrten sie mit Waren bepackt wieder zurück. Der Turm war ständig mit Wachmännern besetzt, die dafür sorgten, dass Kamel und Treiber samt Waren sicher und zur besten Tidenzeit übersetzen konnten. Denn war keine Ebbe, blieb nur das Boot – verständlicherweise keine Option für die Paarhufer. Die seichte Stelle machte Abu Dhabi aber auch angreifbar. Daher kam den Wachleuten auch die Aufgabe zu, das einstige Perlenfischerdorf vor Banditen zu schützen.

Mit dem Fortschritt und den ersten Bohrungen nach Öl konnten und wollten die Leute nicht mehr auf die Ebbe warten, um hin- und herzupendeln. Kamele wurden immer mehr durch Autos ersetzt, und so wurde 1949 ein erster fester Übergang aus Stein und Sand gebaut. Bald war auch diese schmale, unebene Passage nicht mehr zeitgemäß, und 1968 wurde die Al-Maqta-Brücke feierlich eröffnet – mit Scheich Zayid persönlich als erstem Brückenüberquerer. Der Wachturm hielt all diesen Veränderungen stand, wurde schließlich aufgegeben, renoviert und geriet mit der Schließung des Touristenbüros im nahe gelegenen Fort in Vergessenheit. Besichtigen kann man ihn nicht, die Insel ist nicht zugänglich. Er lässt sich daher am besten vom Brachland zwischen den Brücken betrachten.

Der Al Maqta Watchtower ist einer von insgesamt dreien, die in Abu Dhabi gebaut wurden. Der älteste von ihnen befindet sich im Qasr Al Hosn. Er sollte Abu Dhabi von der Landseite schützen und die nahe Frischwasserquelle verteidigen.

Adresse Zwischen der Sheikh Zayed Bridge und der Al Maqta Bridge, Khor Al Maqta, Abu Dhabi Grand Canal | **Anfahrt** Am besten von Fairmont Bab Al Bahr aus. Die Al Khor St Richtung Sheikh-Zayed-Brücke nehmen, im Kreisverkehr auf die Al Bahri St abbiegen, die unter der E 22 hindurchführt. Gleich nach der Kurve am Al Maqta Fort parken. | **Tipp** Das Al Maqta Fort wird gerade renoviert und soll zukünftig das Polizei-Museum beherbergen.

8 Al Maskoof Al Iraqi

Fisch aus dem Zweistromland

Der große Bedarf an Arbeitskräften in allen wirtschaftlichen und privaten Bereichen hat in den Emiraten zu einem überproportionalen Anteil an Gastarbeitern geführt. An die 200 verschiedene Nationalitäten leben und arbeiten hier, und natürlich bringen all diese Menschen ihre eigenen kulinarischen Schätze mit in die Stadt.

Masgouf zum Beispiel ist das Nationalgericht des Iraks. Der hierfür im Euphrat oder Tigris gefangene Karpfen wird ausgenommen und an der Bauchseite aufgeschlitzt und aufgeklappt. Mariniert wird mit Salz, Olivenöl, Kurkuma und Tamarinde. Je nach Familienrezept fügt man noch weitere Zutaten hinzu. Das entstandene Fisch-Oval wird dann auf Spießen am Rande eines Feuers gegart. Fast drei Stunden kann es dauern, bis das Fett abgebrannt und der Karpfen gar ist. Zum Schluss kommt er mit der Hautseite nach unten noch einige Minuten auf die Glut, damit er schön kross wird und sich das Fleisch anschließend besser ablösen lässt. Dieses Gericht wird traditionell im großen Familienkreis im Restaurant verzehrt, da die Zubereitung aufwendig und der Fisch mächtig ist.

In Abu Dhabi existiert seit 1999 ein Restaurant, das diese Speise nach alter Tradition zubereitet. Schon am Eingang des Restaurants an der Airport Road sieht man die Feuerstelle, um die die riesigen Fische aufgereiht sind. Man wird herzlich begrüßt, und sollte der Tisch noch nicht bereit sein, bekommt man zur Überbrückung der Wartezeit Tee gereicht. Das hübsche, rustikale Mobiliar passt gut zu den roten Ziegeln an den Wänden.

Im Al Maskoof existiert zwar eine Speisekarte, auf der auch Kebab angeboten wird – aber wer hierherkommt, der kommt wegen des Fischs, der im Übrigen wegen seiner langen Garzeit stets vorbestellt werden muss. Dazu werden unterschiedliche Sorten Reis und ein grandioses Fladenbrot gereicht. Das Mahl ist äußerst nahrhaft und so riesig, dass sechs Personen ohne Probleme davon satt werden.

Adresse Sheikh Rashid bin Saeed Street (Airport Road), Reservierung unter 02/4433387 | **Anfahrt** Von der E 10 kommend der Mohammed Bin Khalifa Street folgen. Am zweiten großen Kreisverkehr wenden und dann rechts in die Al Nudoud Street abbiegen. Parkplätze gibt es genau vor dem Restaurant. | **Öffnungszeiten** täglich 10–1 Uhr | **Tipp** Anschließend bietet sich ein Besuch im nahe gelegenen Umm-Al-Emarat-Park an. Während der kühleren Jahreszeit gibt es dort für Kinder donnerstags bis samstags um 17.30 Uhr Vorstellungen im Open-Air-Kino.

9 Das Al-Qana-Aquarium

Hier fischt man nicht im Trüben

Wieder einmal eine kleine Sensation im Abu Dhabi der Superlative! Das im November 2021 eröffnete Aquarium brüstet sich damit, das größte seiner Art im Nahen Osten zu sein. Es gibt zwar bereits eine bedeutende Unterwasserwelt in Dubai, aber Abu Dhabi scheint es wieder einmal zu gelingen, die Nachbarstadt zu übertrumpfen. Ein kluger Schachzug war es dabei, Dubais Aquarium-Manager Paul Hamilton herzulocken und ihn in den Aufbau des neuen Museums einzubeziehen. Der Neuseeländer hat schon eine ganze Reihe von Aquarien gestaltet, und seiner Meinung nach ist dieses sein allerbestes.

Gezeigt werden mehr als 46.000 Tiere, darunter Süßwasser- und Meereslebewesen, Reptilien, Amphibien, Vögel und Säugetiere. Aufgeteilt sind die Exponate in zehn Themenbereiche wie Regenwald, Polarmeer, Naturschätze der VAE oder ein Wrack im Roten Meer. Während man sich durch die faszinierenden Welten bewegt, können Informationen zu den verschiedenen Aquarien direkt aufs eigene Telefon übertragen werden. Eine Zone ist einer Unterwasserhöhle nachgebildet, dort bewegen sich faszinierende Kreaturen wie Pfeilschwanzkrebse oder Kugelfische. In einige Tanks kann man seinen Kopf hineinstecken und so Schwärme von bunten Fischen ganz nah sehen. Es gibt Wasserschweine, Papageientaucher und Haie sowie, nicht zu vergessen, die sogenannte Super Snake. Sieben Meter lang und 115 Kilogramm schwer, soll diese Python die größte lebende Schlange der Welt sein.

Al Qana ist ein ganz neu erschlossenes Areal in Al Maqta. Entlang der 2,4 Kilometer langen Uferpromenade sind neben dem Aquarium riesige Kinokomplexe, zahlreiche Restaurants, ein Yachthafen und ein großer Indoorspielplatz entstanden. Entworfen wurde Al Qana von MZ Architects, einer ursprünglich aus Qatar stammenden Architektengruppe, deren Projekte Funktionalität und skulpturale Formen verbinden. Neben bunten Fischen kann man hier also auch tolle Bauten entdecken.

Adresse Al Qana, Al Maqta Street, Rabdan, info@nationalaquarium.ae | Anfahrt Al Qana befindet sich nahe der Scheich-Zayid-Moschee und liegt von dort aus über die E 20 in Richtung Rabdan auf der linken Seite. | Öffnungszeiten täglich 10–22 Uhr | Tipp Der Bezirk Rabdan wurde erst 2020 neu benannt – es war der Name des ersten Araberpferdes von Scheich Zayid Bin Sultan Al Nahyan.

10 Die Al Wathba Fossil Dunes

Geologische Besonderheit aus der Eiszeit

Keine halbe Stunde südlich des Stadtzentrums von Abu Dhabi erheben sich wie aus dem Nichts unzählige fantastische Formationen aus weißem Sand. Nahezu unwirklich reihen sich die Fossilen Dünen aneinander. Anfang 2022 wurde das gesamte Gelände in einen Nationalpark umgewandelt, den ersten seiner Art in den VAE. Der neue Status soll vor Müllbergen und Vandalismus schützen. Kleine Kletterpartien, die bis vor Kurzem verlockend waren, sind heute nicht mehr erlaubt.

Jede der Dünen hier unterscheidet sich in Form und Größe von der nächsten. In manche hat der Wind kleine Höhlen gegraben, hin und wieder sind richtige Gucklöcher entstanden. Diese bizarr anmutenden Gebilde bestehen aber eben nicht aus Stein, sondern aus gehärtetem Sand. Daher sind sie auch empfindlich, und dass sie nicht mehr bestiegen werden dürfen, bietet ihnen heute Schutz. Während der Eiszeit stand das Grundwasser höher, und die Regenfälle in dieser Region waren häufiger. So wurde der Sand vom Wasser mit Kalziumkarbonat durchdrungen und auf diese Weise gehärtet. Dann hinterließ der Wind über Jahrtausende seine Spuren und formte Schichten aus festem Sand. Über mehr als sieben Quadratkilometer dehnt sich das Gelände aus, und mehr als 1.700 verschiedenste Formationen kann man hier entdecken. Ein drei Kilometer langer Wanderpfad führt durch die faszinierende Landschaft, auf Informationstafeln wird Wissenswertes über die Dünen erläutert. Gerade auch für Kinder ist dieser Ausflug ein kleines Abenteuer.

Ein Besuch in dieser besonderen Landschaft ist vor allen Dingen gegen Abend beeindruckend, wenn die Sonne untergeht und alles in ein warmes Licht taucht. Musste man sich bis vor Kurzem für diesen Ausflug selbst ausreichend Wasser und Proviant mitbringen, sorgen nun Imbisswagen für alles Nötige vor Ort. Ein Infocenter und Souvenir-Shop sind ebenfalls vorhanden.

Adresse Al Wathba South, Abu Dhabi. Auf Kamele achten, die hier die Straße kreuzen können. | Anfahrt Über die E 30 in Richtung Al Ain. Nach circa 45 Kilometern, in Höhe des Al Wathba Wetland Reserve, rechts in die Lane 2004 abbiegen, dann die Lane 2006 nehmen bis zum Nationalpark. | Öffnungszeiten Mo – Do 8 – 22 Uhr, Fr, So und an Feiertagen 8 – 23 Uhr, der Eintritt ist frei | Tipp In der Nähe befindet sich der Long Salt Lake, ein beliebter Fotospot. Dort haben sich auf dem türkisblauen Wasser eines Kanals dekorative begehbare Salzkrusten gebildet.

11 Al Wathba Wetland Reserve

Wie aus einer Überschwemmung ein Vogelparadies wurde

Ob die Wasseransammlung, die die einstige Salzebene in ein Feuchtgebiet verwandelte, vom Bau der Straße nach Al Ain verursacht wurde oder eine Überschwemmung der nahe gelegenen Wasseraufbereitungsanlage Al Mafraq sie verursachte, ist nicht ganz klar. Sicher ist aber, dass das Wasser, das sich ab 1993 ansammelte, schnell zahlreiche Vögel anzog. Um diese zu schützen, wurde das Al Wathba Wetland Reserve 1998 von Scheich Zayid unter Naturschutz gestellt.

Für Besucher zugänglich ist das Naturschutzgebiet erst seit 2014. Der weitgehend naturbelassene Park beherbergt heute viele seltene und vom Aussterben bedrohte Pflanzen- und Tierarten, die dem Interessierten bei Eintritt in das kleine, klimatisierte Besucherzentrum von einem kundigen Ranger erläutert werden. Dort gibt es auch verschiedene in Alkohol eingelegte Tiere zu bewundern, zum Beispiel Skorpione. An die 4.000 Rosaflamingos machen hier von Herbst bis Frühjahr halt. Manche haben den Naturpark sogar dauerhaft zu ihrer Heimat erwählt und brüten hier. Es gibt über 250 weitere Vogelarten, viele von ihnen Zugvögel, aber auch Säugetiere und Reptilien. Die Erkundungswege sind jeweils 1,5 und drei Kilometer lang und führen an beschatteten Picknick- und Beobachtungsposten vorbei. Übrigens kann es je nach Wind aufgrund der hohen Vogeldichte auch mal ein wenig streng riechen … Auf seinen Ausflug sollte man unbedingt genügend Wasser mitnehmen, da es im Besucherzentrum keine Verpflegungsmöglichkeiten gibt. Auch feste Schuhe sind ratsam. Im Sommer schließt der Park für einige Monate, um die Nester der Vögel zu schützen, die je nach Vogelart sehr nahe an den Wegen liegen können. Inzwischen ist das Reservat auch international als schützenswert anerkannt und wurde 2013 sowohl in die Ramsar-Konvention aufgenommen als auch 2018 auf die Grüne Liste der Internationalen Union für Naturschutz (IUCN) gesetzt.

Adresse Al Wathba Wetland Reserve, Mafraq Industrial Area, der Eintritt ist frei. | **Anfahrt** Die Stadt auf der E 30 in Richtung Al Ain verlassen. Das Naturschutzgebiet ist nach etwas mehr als 30 Kilometern ausgeschildert. | **Öffnungszeiten** Okt.–April Di–Sa 8–18 Uhr | **Tipp** Die Al Rahal Ranch von Ali Al Ameri bietet Ausritte und Übernachtungen in einfachen Bungalows an. Ali Al Almeri ist ein über die Grenzen hinaus bekannter Pferdeflüsterer und Schauspieler.

12 Die Al Yahar (Food) Street

Einmal durch die Straße futtern

Das Restaurant Mezlai im Hotel Emirates Palace wirbt damit, das einzige wirklich emiratische Restaurant der Stadt zu sein. In Abu Dhabi ist es allgemein leichter, gehobene westliche und östliche Küche zu kosten, als Gerichte der Region. Mittlerweile gibt es jedoch ein paar Restaurants, die mit emiratischer Küche werben, obwohl der Speiseplan früher ja eher kärglich war. Besonders beliebt ist die orientalische Küche des gesamten arabischen Raums – von Levante über Nordafrika bis hin nach Vorderasien.

Die Al Yahar Street ist eine der Straßen, in denen es noch ziemlich volkstümlich zugeht. Sie verläuft durch Khalidiya, einem bunt gemischten Viertel, das während der letzten Jahre durch die Renovierung des nahe gelegenen Qasr Al Hosn aufgewertet wurde. Hier treffen modern und historisch aufeinander. Die etwa zwei Kilometer lange Straße ist ein Schmelztiegel unterschiedlichster Gerüche und Geschmäcker – auf der Suche nach einem Snack ist man hier also genau richtig. Überall riecht es nach gebratenem Fleisch, hier und dort hört man das Aufschlagen von Teig, der zu köstlichen, mit Käse und Zatar oder Fleisch gefüllten Pide verarbeitet wird. So viele Verlockungen und leider doch nur ein Magen, der gefüllt werden kann.

Es geht laut und geschäftig zu, Tabletts mit heißem Tee werden über den Gehweg getragen. Bunte Leuchtreklamen locken mit Falafel, Shawarma, Tee und Fruchtsäften. Im Al Afiya gibt es authentische marokkanische Küche. Von der großen Speisekarte sind das Iskender- oder Hühnchen-Kebab zu empfehlen. Das syrische Restaurant Kings Shawarma trägt seinen Namen aus gutem Grund. Es erfreut sich seit Jahren großer Beliebtheit und bietet Familienportionen an. Im House of Tea werden die Speisen mit omanischen Chips garniert, im Tea Talk Session kommen Cheetos oben drauf, bei Game of Toast gibt es – Toast. In der Yahar Street will man satt werden, und das kann man auf verschiedenste Art und Weise!

Adresse Yahar Street, Abu Dhabi | Anfahrt von der Corniche aus in die Mubarak bin Mohammed Street abbiegen, U-Turn bei Al Falah Street. Dann in die Al Fal einbiegen und auf dem großen Parkplatz linker Hand parken. Von hier aus geht es zu Fuß weiter. | Tipp Ein libanesisches Lokal, das sich großer Beliebtheit erfreut, ist das Zahrat Lebnan im Global Tower, Zayed The First Street. Seit 1983 wird hier authentische Küche angeboten; es gibt mittlerweile sechs Filialen in Abu Dhabi.

13 Das Aldar-Hauptquartier

Eine Perle am Horizont

Das Gebäude mit seinen 110 Metern Höhe fällt schon aus einiger Entfernung ins Auge. Genannt »The Disk«, weil seine Form an eine Scheibe erinnert oder »The Coin« (die Münze), weil seine Fassade so schön in der Sonne glänzt, steht es nahezu einsam am Strand von Al Raha. Ein solches kreisrundes Hochhaus bekommt man nicht alle Tage zu sehen. Auch die Ähnlichkeit mit einer Perle, die sich aus dem Sand erhebt, passt bestens zur Vergangenheit Abu Dhabis als einstigem Perlenfischerdorf. Rundherum wird noch immer kräftig gebaut.

Eine große Herausforderung für den libanesischen Architekten Marwan Zgheib war die Stabilität des Bauwerks. Stahlfachwerkgitter, sogenannte Diagrids, waren die Lösung. Diese geben die leicht gewölbte Form von beiden Seiten vor und sorgen gleichzeitig für eine unverwechselbare Fassade. Außerdem kann bei dieser Bauweise auf Innensäulen verzichtet werden. Das verschafft dem Aldar-Hauptsitz mit seinen 23 Stockwerken mehr Innenraum, als es ein Hochhaus mit 40 Etagen vermag. Die Ausrichtung nach Ost und West erlaubt das Erleben von Sonnenauf- und -untergängen. Innovativ und ökologisch ist auch die Abfallentsorgung: Durch ein Vakuum unter dem Gebäude werden alle Abfälle direkt in eine Müll-Umlade-Station gesaugt, wo gleich getrennt und entsorgt wird.

Der spektakuläre Firmensitz, der mehrere Architektur- und Designpreise gewann, ist außerdem ein gefragter Drehort. Er diente als Firmenzentrale in der Spionage-Reihe »Mirage« und ist in der Netflix-Produktion »6 underground« zu sehen. Für den Star-Wars-Film »Das Erwachen der Macht«, der ebenfalls teils in den Dünen der Liwa-Oase gedreht wurde, hat man im Zuge einer gigantischen Werbekampagne zum Filmstart 2015 die gesamte Fassade mit einer bedruckten Folie bedeckt. Auf diese Art wurde sie zur Starkiller-Basis. 420 Stunden Arbeit waren nötig, um insgesamt 70.000 Quadratmeter zu bekleben.

Adresse Al Raha St, Al Raha Beach | **Anfahrt** Der E 10 in Richtung Flughafen folgen. An der Abfahrt 29 Richtung Al Raha Beach abbiegen, dann links auf den Al Raha Boulevard | **Tipp** Unterhalb der Al Raha Road, auf der Channel St auf dem Weg zu Al Raha Mall, kann man faszinierende Wandmalereien bestaunen, die Szenen aus dem traditionellen beduinischen Leben zeigen.

14 Das älteste Gebäude der Stadt

Am Ursprung Abu Dhabis

Mitten im Zentrum der Stadt breitet sich ein weitläufiger Platz aus, der mit großer Selbstverständlichkeit einen ganzen Block für sich einnimmt. Bis zu seiner Wiedereröffnung im Dezember 2018 wurde das Areal um das Qasr Al Hosn und die Cultural Foundation elf Jahre lang ständig umgebaut, Pläne wurden verworfen und neue konzipiert. Das Ergebnis kann sich sehen lassen.

Hier steht, eingebettet in das Fort, das erste beständige Bauwerk der Region. An diesem Ort soll es gewesen sein: Während der Jagd auf eine Gazelle wurde diese dabei beobachtet, wie sie aus einer Süßwasserquelle trank. Anlass für die Herrscherfamilie Al Nayhan, an die Küste umzusiedeln, und Gründungsmythos der Stadt bis heute. Die Entdeckung von Süßwasser war also für ihre Entwicklung ebenso wichtig wie später das Öl. Abu Dhabi – so lauten die arabischen Wörter für »Vater der Gazelle«.

Circa 1790 wurde der Turm aus Korallen und Sandstein erbaut, um die Handelswege der Küste zu überwachen und die wachsende Siedlung zu schützen. Kurze Zeit später errichtete man um den einst frei stehenden Turm das innere Fort; erst zwischen 1937 und 1945 kam die äußere Anlage hinzu. Der Komplex diente im Laufe der Zeit als Regierungsgebäude, Wohnsitz der Königsfamilie Al Nayan, und als Nationalarchiv. Immer wieder wurde der Wachturm teils aufwendigen Renovierungen unterzogen. Seit der Wiedereröffnung ist hier ein Museum über die Geschichte Abu Dhabis untergebracht. Wandprojektionen, Zeitzeugenberichte und Fotos demonstrieren die eindrucksvolle Entwicklung vom Perlenfischerdorf zur Metropole. Rings um den Platz ist anschaulich die Entwicklung zu sehen, die Abu Dhabi in den letzten fünfzig Jahren durchlaufen hat: vom alten Fort und seinen Mauern, über Gebäude aus den 1970er Jahren, bis hin zu den alles überragenden Doppeltürmen des World Trade Centers.

Adresse Rashid bin Saeed Al Maktoum Street / Ecke Sheikh Zayed The First Street, E-Mail: info@qasralhosn.ae | **Anfahrt** Von der Corniche in die Sheikh Rashid bin Saeed Mubarak einbiegen, rechts halten und in die Tiefgarage unter dem Qasr Al Hosn einbiegen | **Öffnungszeiten** So – Do 9 – 19 Uhr, Fr, Sa 12 – 22 Uhr | **Tipp** Jedes Jahr im Dezember findet das Al Hosn Festival statt. In den Vorführungen wechseln sich Tradition und Moderne in einer gelungenen Mischung ab.

15 Die Ananas-Türme

Traditionelle Beschattung automatisiert

Großstädte in subtropischen Klimazonen stehen vor beachtlichen Herausforderungen. Besonders Innenstädte heizen sich im Sommer durch dichte Bebauung, Verkehr und fehlende Grünflächen im Vergleich zu ländlichen Gebieten überproportional auf. Beton, Asphalt und Glasflächen strahlen die Wärme auch Stunden nach Sonnenuntergang noch ab. Im Inneren der Gebäude muss ständig gekühlt werden. Diese Aufgabe stand bei der Konzeption der Al-Bahar-Türme, der offizielle Name der 145 Meter hohen Türme, im Fokus.

Die Zwillingstürme, die etwas außerhalb des Stadtkerns stehen, wurden 2012 fertiggestellt und haben wegen ihres ausgeklügelten Beschattungssystems bereits etliche Architekturpreise gewonnen. Umgeben sind sie von einer Metallstruktur, auf der im Süden, Osten und Westen über 2.000 sandfarbene Dreiecks-Schirmchen angebracht sind, die aussehen wie Waben und den Türmen ihre Spitznamen gaben: Bienenwabe oder Ananas. Die dreidimensionalen Strukturen öffnen und schließen sich je nach Sonneneinstrahlung automatisch und beschatten so die Innenräume der Gebäude. Dabei muss nicht auf Tageslicht verzichtet werden, denn die Dreiecke sind aus Glasfasern gefertigt. Die Energieersparnis ist enorm: 50 Prozent weniger Bedarf an Strom für Kühlung und künstliches Licht.

Die Konstruktion dieser vorgelagerten geometrischen Wände sind den sogenannten Maschrabiyya abgeschaut. Die jahrhundertealte arabische Beschattungstechnik besteht aus Konstruktionen mit geometrischen Mustern, die vor die Fenster montiert werden und so die Sonneneinstrahlung reduzieren. Gleichzeitig bleibt innen ausreichend Licht.

Die Türme beherbergen den Abu Dhabi Investment Council, der auch Bauherr des Projekts war, und die Al Hilal Bank, eine innovative islamische Bank. Da das Gebäude ein reiner Geschäftskomplex ist, kann es nicht besichtigt werden. Den besten Eindruck des ausgeklügelten Systems erhält man aber ohnehin von außen.

Adresse Kurz hinter der Al Saada Bridge, Al Saada Street | Anfahrt Über die E 10 in Richtung Zentrum liegen die Türme ein Stück hinter dem Delfin-Park auf der linken Straßenseite. Nur von außen zu besichtigen. | Tipp Ein weiteres architektonisch interessantes Gebäude ist keine 500 Meter entfernt auf der anderen Straßenseite zu finden: die Khalifa University. Auch hier kann man ein Beispiel für Maschrabiyya entdecken.

16 Areej Al Ameerat

Duftender Orient

Düfte und Aromen spielen in der arabischen Welt eine bedeutende Rolle. Es gehört selbstverständlich zum guten Ton, stets sauber gekleidet zu sein und darüber hinaus möglichst gut zu riechen. Schon Mohammed wurde in Medina mit Bakhourduft und Gesängen begrüßt, so heißt es, und er hielt die Menschen dazu an, sich selbst und ihre Häuser wohlriechend zu lassen und vor dem Freitagsgebet Parfüm zu benutzen. Für nach Schweiß müffelnde Ausländer hat man in der arabischen Welt wenig Verständnis …

Orientalische Düfte sind meist süßlicher und schwerer als die Parfüms, die wir im westlichen Kulturkreis gewohnt sind. Inhaltsstoffe wie Moschus, Safran oder Weihrauch bilden oft die Komponenten. Aromatische Öle wie Oud, das aus Baumharz des Adlerholzbaumes hergestellt wird, gehören außerdem zu den klassischen Zutaten. Besonders intensiv und kostbar wird dieser Duft, wenn die Wunde des Baumes nach dem Anritzen von einem bestimmten Schimmelpilz befallen wird. Auch Räume werden mit ätherischen Ölen beduftet. Dafür wird häufig Bakhour verwandt, das aus den Spänen des Adlerholzbaumes besteht und oft mit anderen Substanzen vermischt wird. Anschließend wird es in speziellen Räuchergefäßen, den sogenannten Mabkharas, verbrannt, wobei sich wohlriechender Rauch verbreitet.

Kostbare Düfte bekommt man bei Areej Al Ameerat. Das Ladenlokal dieser Parfümerie in der Yas Mall ist aufwendig gestaltet – beim Betreten fühlt man sich an den Roten Salon in einem Schloss erinnert oder an einen Club, der nur exklusiven Gästen vorbehalten ist. Dunkelrot verkleidete Wände, goldene, üppig verzierte Bilderrahmen und Lüster bilden die Ausstattung. Areej Al Ameerat brüstet sich damit, eine neue Art von Oud kreiert zu haben, die sich speziell an den lokalen Geschmack richtet. Aber auch viele andere Düfte sind hier zu finden. Das beste Agar Oud soll übrigens aus Vietnam stammen. Wegen steigender Nachfrage können die Kosten für ein Kilogramm des hochwertigen Holzes derzeit um 30.000 Euro betragen.

Adresse Yas Mall, erste Etage, L 1-142 | **Anfahrt** Am Flughafen die E 12 in Richtung Yas Island nehmen, dort den Schildern zur Yas Mall folgen. Am besten im zweiten Stockwerk im Bereich Fashion Parking parken. | **Öffnungszeiten** Sa–Mi 10–22 Uhr, Do, Fr 10–24 Uhr | **Tipp** Eine weitere, sehr interessante Parfümerie stammt aus dem Oman und nennt sich Amouage. Silberweihrauch, frische Rosen und Myrrhe bilden hier unter anderem die Essenzen für hochpreisige Parfüms. Geschäfte im Souk Qaryat Al Beri und in den Nation Towers.

17_Das Art House Cafe

Wo jeder ein Künstler sein darf

Unter duftenden Frangipani-Bäumen sitzen und genüsslich Karak schlürfen, den viel zu süßen indischen Milchtee, der dem Chai gleicht. Dazu zwitschern die Vögel. Die Geräusche der Stadt liegen in weiter Ferne, nur ein Windspiel klimpert leise. Kaum zu glauben, dass man mitten in Al Bateen ist, dem beliebten Villen- und Palastviertel ganz im Westen von Abu Dhabi Island.

Das Konzept geht auf: Im Art House Cafe soll man den Alltag vergessen und sich der Kreativität widmen. Was 2014 nach Eröffnung der Etihad Modern Art Gallery wie nebenbei begann, ist heute zu einem etablierten Ort gewachsen, in dem man von Kunst umgeben ist. Jedes Möbelstück wurde hier aus recycelten Materialien hergestellt – aus ehemaligen Gaszylindern entstanden Hocker, Fässer wurden zu Tischen geschweißt und aus Ölkanistern Sessel gelötet. Teekessel hängen als Lampen an Seilen, die zwischen die Bäume gespannt sind. Alte Reifen und Paletten bieten heute Sitzgelegenheiten.

An der Wand im Eingangsbereich werden Paare eingeladen, ihre Liebe mit einem Schloss zu versiegeln. An der Wand gegenüber hängen bunte Teller, die Gäste bemalt haben. Im Art House Cafe ist jedermann ein Künstler und aufgefordert, Spuren zu hinterlassen. Das Café ist ein wenig verwinkelt und hat einen Außen- und Innenbereich. Dies macht es für den Service unübersichtlich. Um lange Wartezeiten und ärgerliche Kundschaft zu vermeiden, stehen mobile Drücker auf den Tischen. »Ruf«, »Rechnung« und »Annullieren« stehen zur Verfügung. So weiß die herbeieilende Bedienung gleich, worum es geht.

Die Speise- und Getränkekarte ist abwechslungsreich und reicht von traditionell bis modern. Es gibt sogar Mojitos – als alkoholfreie Variante versteht sich. Kalorienbomben wie Burger oder Shakes werden ebenso angeboten wie die Superfoods Grünkohl oder Quinoa. Mittlerweile existiert auch ein Ableger im sehr modernen Hafenviertel Al Bandar im Süden der Stadt.

Adresse Villa 15, Al Huwelat Street, Al Bateen | **Anfahrt** Von der Corniche kommend über die Al Khaleej Al Arabi Street fahren, dann rechts in die Al Mataf St einbiegen, wieder rechts in die Al Huwelat St und direkt vor dem Café parken. | **Öffnungszeiten** täglich 9–24 Uhr | **Tipp** Die Etihad Modern Art Gallery gleich nebenan bietet wechselnde Ausstellungen vorwiegend von Künstlern, die in den Emiraten leben.

18 Das Auto-Museum

Extravagante Sammlung eines Scheichs

Wenn Sie sich für Autos interessieren und es nebenbei ganz gerne noch ein wenig schräg haben, dann sollten Sie sich aufmachen in dieses Museum der besonderen Art. Scheich Hamad Bin Hamdan Al Nahyan, ein Mitglied der königlichen Familie Abu Dhabis und unermesslich reich, macht aus seiner Vorliebe für große und spezielle Pkws kein Geheimnis. Bekannt ist er auch unter dem Namen »Regenbogen-Scheich«, denn es heißt, er habe ein großes Faible für die Farben dieses Naturphänomens. Das brachte er schon in den 1980er Jahren zum Ausdruck, als er sich gleich sieben Mercedes Benz 500 SEL anschaffte und diese in Regenbogenfarben lackieren ließ. Milliardäre haben ja häufiger seltsame Hobbys, und sie können sich einiges an Extravaganzen leisten!

Das Museum liegt ungefähr 45 Kilometer südlich von der Hauptstadt entfernt. Die meisten Exponate werden in einer pyramidenförmigen Riesengarage gezeigt. Die Sammlung des Scheichs beläuft sich auf mehr als 230 Ausstellungsstücke. Von Geländewagen über klassische amerikanische Straßenkreuzer bis hin zum größten Lastwagen der Welt gibt es eine Menge interessanter Gefährte zu entdecken. Bei Letzterem handelt es sich um die Spezialanfertigung eines Dodge Power Wagon von Chrysler, hier im Museum allerdings in einer 64 Mal größeren Ausgabe als das Original zu sehen und innen mit einem ganzen Appartement ausgestattet. Ein durchsichtiges Disco-Auto oder einen Globus auf Rädern gibt es ebenfalls zu sehen – es sind aber auch viele Exemplare in ihrem Originalzustand zu bewundern.

2011 sorgte Scheich Hamad mit einer weiteren originellen Idee für Schlagzeilen. Auf der Insel Al Futaisi ließ er seinen Namen in riesigen Buchstaben in den Wüstensand meißeln. Der Schriftzug war mit dem Meer verbunden und bildete Wasserwege. Angeblich sollen die Lettern sogar aus dem All noch lesbar gewesen sein. Sie verschwanden aber irgendwann wieder wie von Geisterhand.

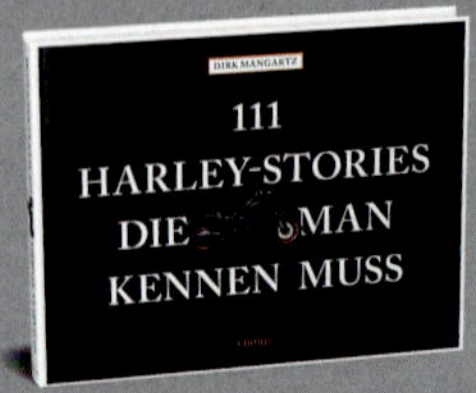

ISBN 978-3-7408-0939-3
€ D 25,00/€ A 25,70

ISBN 978-3-7408-0680-4
€ D 25,00/€ A 25,70

111 MAL ON THE ROAD

ISBN 978-3-95451-912-5
€ D 25,00/€ A 25,70

ISBN 978-3-7408-1442-7
€ D 30,00/€ A 30,90

ISBN 978-3-95451-912-5
€ D 25,00/€ A 25,70

ISBN 978-3-7408-0938-6
€ D 25,00/€ A 25,70

Adresse Emirates National Auto Museum, Hamim Road, Off E 11, Al Dhafra – Abu Dhabi, www.enam.ae | Anfahrt Das Museum ist gut über die E 65 in Richtung Süden erreichbar. Es liegt gleich an der Schnellstraße. | Öffnungszeiten täglich 9–18 Uhr, aber vorsichtshalber überprüfen, da die Zeiten manchmal variieren | Tipp In der Rainbow Marina in Al Bateen sind mit den Nachbauten der Titanic und der Arche Noah zwei besondere Boote des Regenbogen-Scheichs zu bewundern. Es sind jedoch keine öffentlichen Exponate, daher ist hier etwas Diskretion angesagt!

19 Das Bait Al Gahwa

Ein Schluck Weltkulturerbe

Der Duft und Klang der Metallschale, der durch das Zerstoßen der frisch gerösteten Kaffeebohnen hervorgerufen wird, kündigt den Nachbarn und Gästen in der beduinischen Tradition schon seit Jahrhunderten an, dass hier Kaffee zubereitet wird. Der traditionelle Gahwa ist Inbegriff der arabischen Gastfreundlichkeit und seit 2015 als Immaterielles Kulturerbe der UNESCO gelistet.

Der Zubereitung fällt eine besondere Bedeutung zu, und sie gleicht einem Ritual. Die Bohnen werden frisch geröstet, abgekühlt, verlesen und gemahlen und dann mit Gewürzen wie Muskat, Nelken, Kardamom oder Safran gemischt – jeder Haushalt hat hier sein eigenes Rezept. Anschließend wird mit heißem Wasser aufgebrüht. Zum Servieren wird das Gebräu in die kleinste der drei Dallahs, wie die Kannen mit dem langen Schnabel-Ausguss heißen, abgeseiht. Der Kaffeesatz wird dabei durch ein Faserknäuel, das in der Tülle der Dallah steckt, zurückgehalten. Auch das Servieren folgt bestimmten Regeln: Der älteste oder wichtigste Gast wird zuerst bedient, die Kanne dabei in der linken Hand mit dem Daumen auf dem Henkel gehalten. Die Tassen werden mit der rechten Hand umfasst und dabei gegeneinandergeklappert. Auch der Gast nimmt den kleinen Becher immer mit der rechten Hand entgegen. Nachschenken ist willkommen, doch ziert es sich nicht, mehr als drei der kleinen Tassen zu trinken.

Wer eine Kaffeezeremonie erleben möchte, kann das im Bait Al Gahwa im House of Artisans tun. Die Zeremonie wird von zwei jungen Emirati durchgeführt, die eigens hierfür ausgebildet wurden. Sie findet in der familiären Atmosphäre eines Madschlis statt, wörtlich dem »Ort des Zusammensitzens«, und selbstverständlich wird den Besuchern der frisch gebraute Kaffee am Ende angeboten. Die Vorführungen werden in regelmäßigen Abständen veranstaltet. Kaffee wird in den Emiraten zu jeder Tageszeit genossen, von Männern und Frauen gleichermaßen.

Adresse House of Artisans, Qasr Al Hosn, zwischen Zayed the First und Hamdan Street, Ecke Al Hisn Street | **Anfahrt** Von der Corniche in die Sheikh Rashid bin Saeed St abbiegen, rechts halten und in der Tiefgarage direkt unter dem Qasr Al Hosn parken. | **Öffnungszeiten** Qasr Al Hosn, Sa–Do 10–21 Uhr, Fr 14–22 Uhr. Die Kaffeezeremonie wird in regelmäßigen Abständen im Bait Al Gahwa abgehalten, das Teil des House of Artisans ist. | **Tipp** Ein Gang durch das House of Artisans lohnt sich. Die neue Dauerausstellung zeigt alte Handwerkskunst wie Al Sadu, das traditionelle Weben aus Ziegen-, Schaf oder Kamelwolle oder Khoos, das Flechten oder Weben aus Palmblättern und das Herstellen von Fischernetzen. Außerdem werden zahlreiche Workshops angeboten.

20 Das Bait Al Oud

Spiel mir ein Lied auf der Laute

Woher genau sie kam, um ihren Siegeszug in die arabische Welt anzutreten, ist nicht ganz geklärt. Man vermutet, dass die Perser schon früher ein ähnlich bauchiges Saiteninstrument benutzten. Die älteste Abbildung einer Oud ist auf einem Gefäß im spanischen Córdoba zu finden und stammt aus dem 9. Jahrhundert. Vermutlich brachten die Kreuzritter das Instrument mit nach Europa. Während der Renaissance galt sie dort vielen als Königin der Instrumente.

Das Wort Laute jedenfalls leitet sich vom arabischen Begriff *Al oud* ab, was so viel bedeutet wie Stab oder Holz. Daraus wurde im Portugiesischen *alaude*, die englische *lute* und bei uns die Laute. Das Instrument mit dem kurzen Knickhals spielt im arabischen Raum eine zentrale Rolle, jede Region bespielt sie dort mit dem ihr eigenen Akzent. Das Charakteristische der Oud ist die Gestalt ihres Klangkörpers. Die aneinandergefügten Holzspäne bilden die Form einer großen Träne oder Birne.

Das Bait Al Oud, deutsch Haus der Oud, wurde 2012 als Musikzentrum gegründet und soll dafür sorgen, dass diejenigen Künstler gefördert werden, die sich auf arabische Instrumente und Kompositionen konzentrieren. Gleichzeitig will es junge Emirati dazu animieren, traditionelle Instrumente zu erlernen. Neben der Oud sind der Kanun, der einer kastenförmigen Zither gleicht, und der Rabāb, eine Art Fiedel mit nur einer Saite, typische Instrumente eines musikalischen Ensembles hier. Die erste Schule, die sich der Oud ganz als Soloinstrument widmete, wurde 1998 von dem berühmten Oud-Virtuosen Naseer Shamma in Kairo gegründet. Das Bait Al Oud ist das dritte Haus in dieser Reihe. Während eines Besuchs in der großzügigen Villa kann man eine ganze Reihe der ausgestellten Instrumente bewundern. In der hauseigenen Werkstatt hat man die Möglichkeit, einen Eindruck davon zu bekommen, wie eine Oud auch heute noch in Handarbeit entsteht.

Adresse Villa No 72, Malqatah Street, Al Nahyan Abu Dhabi, Tel: +971 2 641 56 99, info@BaitAlOud.ae | **Anfahrt** Von der E 10 stadtauswärts kommend auf die Sheikha Fatima bint Mubarak St abbiegen, die nächste wieder rechts auf die Hameem St, dann links in die Malqatah St. Das Bait Al Oud ist ausgeschildert. Parkplätze gibt es direkt davor. | **Öffnungszeiten** täglich 10–22 Uhr | **Tipp** Circa einen Kilometer entfernt in der Al Wahda Mall liegt der Musicians Corner. Hier gibt es vor allen Dingen Gitarren, aber auch andere Instrumente und Zubehör. Außerdem werden Musiklehrer vermittelt. In der Hazza Bin Zayed The First, Ecke Al Asalah Street.

21 Der Beach Club

Vornehm geht die Welt ans Meer …

Ist man auf der Suche nach Sonnenbaden, Meeresrauschen und einem besonders luxuriösen Strandfeeling, hat man hier die Qual der Wahl. Mehr als 30 Beachclubs locken Besucher an vielen Tagen im sonnenverwöhnten Abu Dhabi.

Der Saadiyat Beach Club liegt an einem der schönsten Strände in den VAE, manche sagen gar ganz Arabiens. Besucht man diesen Ort das erste Mal, stockt einem fast der Atem: unwirklich weißer, feiner Sand, so weit das Auge reicht, und türkisblaues Meer. Ein leichter Wind bringt den Stoff der Sonnenschirme, die über die Anlage verteilt aufgestellt sind, sachte zum Flattern. Um den Infinitypool herum stehen Himmelbetten mit hellen Bezügen, alles ist einfach unglaublich edel und gepflegt. Ob man die Zeit hier am Pool, in einem der etwas privateren Strandhäuschen oder lieber auf einer der Liegen direkt am Meer verbringen möchte – Saadiyat ist ein wunderbarer Platz für einen Tag am Arabischen Golf. Über neun Kilometer zieht sich der einzige natürliche Strand Abu Dhabis. Ein Teil davon steht allerdings unter Naturschutz, weil dort die bedrohte Echte Karettschildkröte lebt.

Ist man darüber hinaus auf sportliche Betätigung aus, kann man sich im neu gestalteten Fitnessbereich austoben. Der Raum gleicht mit seinen Kronleuchtern und dem Parkett nicht von ungefähr einem Ballsaal – zu Events kann er als solcher genutzt werden.

Großer Beliebtheit erfreut sich der Brunch am Wochenende. Dann strömen vor allen Dingen Expats mit ihren Familien in den Club, um eine Fülle von Geschmacksrichtungen aus aller Welt zu erleben. Dazu gibt es Livemusik und Unterhaltung; für die Kleinen wird ebenfalls mit entsprechenden Aktivitäten gesorgt. Wer es lieber ein wenig stiller mag, der ist hier an einem Wochentag gut aufgehoben. Schön ist es, in der Bar direkt am Strand einen Cappuccino oder etwas Erfrischendes zu trinken – vor einem nur das weite türkisblaue Meer.

Adresse Saadiyat Island, 14, Abu Dhabi, Tel. +971/26563500, www.saadiyatbeachclub.ae | **Anfahrt** von der E 12 nach Saadiyat Island, Exit 14, dann auf die Al Dhiba Street und dort am Ende links in die Tilal Street einbiegen, der Club liegt auf der rechten Seite gleich nach dem Jumeirah Hotel. Parkplätze sind vorhanden. | **Öffnungszeiten** täglich 8–19.30 Uhr, Brunch 13–16 Uhr | **Tipp** Ein weiterer schöner Strand ist der Cove Beach im sich gerade schnell entwickelnden Makers District. Er ist zwar nur 300 Meter lang, bietet aber mit dem Cove Beach Restaurant eine tolle Lokalität mit direktem Blick aufs Meer.

22 Das Beautiful Henna Centre

Körperschmuck mit magischer Wirkung

Das Beautiful Henna Centre genießt in Abu Dhabi hohe Reputation – schließlich möchte man den eigenen Körper nur gut geschulten Händen anvertrauen! Vor einiger Zeit zog das Studio in eine schöne Villa im Viertel Al Mushrif. Nach dem Betreten werden die weiblichen Gäste in einen großen Raum geführt, wo sie sich gemütlich auf einem Sofa niederlassen können und ein Buch in die Hand bekommen, in dem sämtliche Muster des Salons zu finden sind. Hat man sich für eines der Designs entschieden, wird eine versierte Mitarbeiterin das Tattoo in kurzer Zeit auf die gewünschte Körperpartie auftragen. Es ist faszinierend, dabei zuzusehen.

Bereits seit Tausenden von Jahren werden die getrockneten Blätter des Hennastrauchs zu einem Puder zerrieben, anschließend mit Wasser vermischt und zu einer Paste verrührt. Früher rieb man sich diese ihrer kühlenden Wirkung wegen auf Handflächen oder Fußsohlen. Ließ die Erfrischung nach, blieben immer noch die Muster auf der Haut zurück. Auf diese Weise soll die Idee entstanden sein, die Farbe auch als Hautschmuck zu verwenden. Schon Kleopatra machte sich damit schön, und auch weniger betuchte Menschen, für die anderes Geschmeide unerreichbar war, konnten es sich leisten, ihren Körper mit Henna zu verschönern. In den Emiraten gehört Henna zu einem bedeutenden Ritual vor einer Hochzeit. Dann treffen sich Freundinnen und Verwandte, um eine Henna-Nacht zu begehen – eine Art Junggesellinnenabschied auf Arabisch, allerdings ohne Alkohol und weniger ausschweifend. Ein Hennatattoo ist aber mehr als nur eine Tradition, denn gewissen Formen und Mustern werden magische Kräfte nachgesagt. So soll die Trägerin sich gegen böse Geister schützen können oder Allah ihr positive Energie verleihen. Auch vor wichtigen Festivitäten schmücken sich emiratische Frauen gerne mit solch einer Körperbemalung – Männer allerdings nie!

Adresse Salama bint Butti Street, Villa 141, Al Mushrif, Tel. +971/26343963, www.beautifulhennacentre.com | **Anfahrt** Über die Abu Dhabi–Al Ain Street in Richtung Al Mushrif fahren, dort rechts in die Salama bint Butti Street abbiegen. | **Öffnungszeiten** Sa–Do 9.30–21 Uhr, Fr 10–21 Uhr | **Tipp** The Market in der benachbarten Mushrif Mall bietet frisches Obst und Gemüse sowie Fleisch und Fisch in schöner Marktatmosphäre an.

23 Bella Vista auf Emiratisch

Staunen mit Aussicht

Vor einem liegt das türkisblaue Wasser des Persischen Golfs, gleich dahinter erhebt sich die majestätische Skyline. Eine besonders gute Aussicht darauf hat man von der künstlich geschaffenen Insel Marina Island aus, auf der sich auch ein großes Einkaufszentrum befindet. Lässt man dieses Areal links liegen und folgt der Straße Al Alam, gelangt man zum Heritage Village. Dabei handelt es sich um ein Museumsdorf, das Besuchern Einblick in das einfache, traditionelle Leben der Emirati vor dem Ölboom verschaffen soll. Neben Palmen und Beduinenzelten stößt man hier auch auf ein nachgebautes traditionelles Bewässerungssystem, genannt Faladsch. Mit Hilfe schmaler Kanäle, die mehrere Kilometer lang sein können, wird über diese Systeme Wasser geleitet. Dabei macht man Gebrauch vom Gefälle, das zwischen Quelle und Zielort besteht. Ein solches Faladsch, das immer noch genutzt wird, kann heute auch in Al Ain besichtigt werden. An kleinen Ständen werden außerdem kunsthandwerkliche Gegenstände hergestellt und zum Verkauf angeboten.

Aber wir sind hier, um einen Blick auf die fantastische Skyline zu werfen. Am Ende des Museumsdorfs gelangt man an einen schmalen Strandabschnitt. Dort lässt man sich auf der Mauer nieder oder klettert auf ihre andere Seite. Mit etwas Glück beginnen in diesem Moment die Muezzins von den verschiedenen Moscheen der Stadt mit ihrer Aufforderung zum Gebet. Ein Augenblick, dessen Wirkung man sich nicht entziehen kann. Die Kombination aus ultramodernen Bauten, in deren Glas- und Metallfassaden sich das Sonnenlicht bricht, dazu die Rufe, die über Lautsprecher verstärkt über das Wasser gelangen: das ist ein Bild Abu Dhabis, das sich dem Betrachter nachhaltig einprägt. Das in seiner Schönheit und Widersprüchlichkeit viel verrät über eine der modernsten Städte weltweit, über eine Metropole zwischen gestern und heute, zwischen Tradition und Moderne.

Adresse Al'Alam Street, Abu Dhabi | Anfahrt am Ende der Corniche rechts in die Al Marsa Street, am ersten Kreisverkehr nach rechts abbiegen und bis zum Ende der Al'Alam Street fahren. Parkplätze gibt es direkt hinter dem Theater. | Öffnungszeiten rund um die Uhr | Tipp Im Trampolinpark Bounce gibt es mehr als 100 miteinander verbundene Trampoline. Ein weiterer Spielplatz der Superlative!

24 Die bemalten Blumentöpfe

Ein Entdeckungsspaziergang

Vor dem beliebten Deli 1762 stehen zwei überdimensionierte Blumentöpfe. Irgendjemand hatte hier die originelle Idee, den großen Behältnissen Gesichter zu verpassen. Die Pflanzen, die dort aus der Blumenerde herausschauen, wirken beinahe wie das Haupthaar der abgebildeten Gesichter. Eine Frau mit schwarzer Abaya ist da zu sehen, ein paar Schritte weiter ein Mann mit typischem Bart und der Ghutra, die hier traditionell mit einer schwarzen Kordel, dem Agal, dargestellt wird. Folgt man der Al Shoulah Street weiter, stößt man im Abstand weniger Meter auf den nächsten Blumentopf mit neuem Gesicht. Wer die Bilder auf die Töpfe gepinselt hat und von wem diese nette Idee stammt, das ist nicht herauszubekommen. Aber sie sorgen für eine schöne Auflockerung und sind echte Hingucker. Immer wieder steht jemand davor und lässt sich mit den Gesichtern im Hintergrund ablichten.

In der Al Shoulah Street gibt es ansonsten nicht viel zu entdecken. Appartementgebäude, ein Supermarkt für den täglichen Bedarf und eine Apotheke reihen sich aneinander. Am kleinen Platz an der Ecke zur Beeshan Street stehen wieder einige der auffälligen bunten Töpfe. Hier wird es dann wieder geschäftig; Restaurants und Cafés stehen dicht an dicht, angefangen mit dem Brioche. Dort gibt es neben süßem Weißbrot auch Baguettes, Croissants und süße Macarons.

Außerdem geht es weiter mit ein wenig Street-Art: An einigen Wänden sind Mosaike zu finden, auf denen wieder Emirati abgebildet sind. Es gibt Bilder von Frauen, die Khaleegy-Tänze vorführen. Das ist eine Kombination aus traditionell und modern geprägtem Stil, der auf Hochzeiten und anderen Festivitäten aufgeführt wird. Die emiratischen Herren halten dünne Bambusstöcke in den Händen und bewegen sich rhythmisch zu Trommelschlägen – dieser Tanz ist als Al-Ayyala bekannt und äußerst populär. Also: auf zu einem Spaziergang mit kleinen Entdeckungen!

Adresse Deli 1762, 233 Zayed The First Street | Anfahrt Am besten an der Corniche parken. Von hier aus über die Al Bateen Street in die zweite Straße links abbiegen und dann gleich wieder rechts. | Tipp Wer einmal libanesisches Fastfood testen möchte, ist mit Zaatar w Zeit gut beraten. Eine Filiale befindet sich ganz in der Nähe in der Beeshan Street. Und im neu angelegten Sheikha Fatima Park kann man den Skatern bei ihren Kunststücken zusehen.

25 Boomah

Das Eulencafé

Der japanische Trend, tier-entwöhnten Großstädtern in einem Café Haustiere zum Streicheln zur Verfügung zu stellen, hat auch Abu Dhabi erreicht. Im The Walk, einer kleinen charmanten Fußgängerzone hinter der Al Seef Mall in der Nähe des Eastern Mangroves, gibt es ein solches Tier-Café. Da Eulen keine Haustiere sind, sind die Raubvögel hier natürlich durch eine Glasscheibe vom Café getrennt. So kann man die Tiere beim Kaffee durch die Scheibe beobachten. Möchte man direkten Kontakt mit den Greifvögeln, geht dies nur unter der Aufsicht von fachkundigem Personal und mit einem Extraticket. In kleinen Gruppen darf man dann zu den scheuen Vögeln – obwohl die Eulen von Hand aufgezogen und an Menschen gewöhnt sind, wie den Gästen versichert wird. Einige hätten aufgrund von Fehlbildungen der Flügel in freier Wildbahn keine Überlebenschance gehabt.

Das Personal bringt Besucher und Tiere in sanften Kontakt. Sun, ein eindrucksvolles Exemplar mit den typisch orangefarbenen Augen, ist der größte Uhu im Raum. Er lässt sich streicheln und hat ein unerwartet zartes Federkleid. Sein Nachbar Neptun, eine Schnee-Eule, ist ebenfalls freundlich. Alle neun Eulen, darunter auch eine Wüsteneule aus Nahost und ein Malaienkauz aus Südostasien, werden von zwei Pflegern und durch Schilder mit Namen, Art, Geschlecht und Alter vorgestellt. Wer möchte, bekommt eine Eule auf den Arm gesetzt und kann sich mit ihr fotografieren lassen.

Gegründet wurde das Boomah, übrigens das arabische Wort für Eule, 2020 von emiratischen Brüdern. Im Nahen Osten gelten die Vögel als schlechtes Omen, und ihr Wunsch ist, mit diesem Vorurteil aufzuräumen. Besonderen Wert wird auf die Haltung und den Schutz der Tiere gelegt, die lange Ruhephasen haben und nachts frei im Raum umherfliegen dürfen. Die Auswahl der Getränke und Snacks im Café ist abwechslungsreich, es gibt Lavendel-Mojito oder Boomah-Latte – natürlich mit Eulen-Milchschaum.

Adresse Al Seef Village Walk, Khalifa Park Area | **Anfahrt** Der E 10 in Richtung Mangroven Park folgen. Hat man diesen links liegen gelassen, nach circa einen Kilometer auf die Al Murouj St abbiegen und weiter zum Al Seef Village fahren | **Öffnungszeiten** täglich 14–22 Uhr, Tickets 70 AED für Erwachsene und 50 AED für Kinder | **Tipp** Das Abu Dhabi History Museum und Aquarium ist im nahe gelegenen Khalifa Park zu finden. Dort begibt man sich auf eine Zeitreise durch die spannende Geschichte des Emirats.

26 Die Bootsgarage

Brasilianische Lebensfreude im edlen Al Bateen

Die kulturelle und ethnische Vielfalt Abu Dhabis hätte kaum besser zum Ausdruck gebracht werden können als in diesem farbenfrohen Street-Art-Kunstwerk. »Tolerance« lautet sein Name und wurde zum »Jahr der Toleranz« 2019 von der Regierung bei dem brasilianischen Künstler Eduardo Kobra in Auftrag gegeben. Es zeigt überlebensgroße Porträts von Menschen aus Abu Dhabi. Dabei gehen immer zwei Gesichter ineinander über, die kontrastreicher in Herkunft, Alter und Geschlecht nicht sein könnten. Während die Gesichter mit der Präzision von Schwarz-Weiß-Fotografien gemalt sind, überdecken leuchtende Farben im Harlekin-Muster die Porträts. Das gesamte Gebäude wurde auf einer Fläche von 2.000 Quadratmetern bemalt.

Mit dem Autodidakten Eduardo Kobra, der in seinen Anfangszeiten in seiner Heimatstadt Sao Paulo heimlich Häuserwände besprühte, hat das Emirat sich einen weltweit bekannten Street-Art-Künstler in die Stadt geholt. Tausende seiner Kunstwerke zieren Häuserwände rund um den Globus; oft sind es Porträts bekannter Persönlichkeiten. Seine Werke spiegeln seine Mission zur Verbreitung von Toleranz und Frieden wider. Das passt gut in die Emirate, die seit 2016 sogar über ein Ministerium für Toleranz verfügen.

Die Halle, ehemals eine Bootsgarage, kann man fast vollständig zu Fuß umrunden. Es lohnt sich, denn gerade die vom Parkplatz abgewandten Seiten halten interessante Charaktere bereit. Man hat außerdem einen schönen Blick auf den Hafen mit seinen Yachten, die man auch von Bänken aus, die an der Promenade bereitstehen, genießen kann.

Die Verschönerung der Stadt durch Kunst im öffentlichen Raum ist Teil der Kampagne »For Abu Dhabi«, die das Abu Dhabi City Municipality 2019 ins Leben gerufen hat. Öffentliche Parks, Strände und Straßen sollen verbessert und verschönert werden, um Abu Dhabi auf diese Weise zu einer der lebenswertesten Städte der Welt zu machen.

Adresse Marsa Al Bateen, gegenüber dem südafrikanischen Restaurant Tashas und der Ausgehmeile Marsa Al Bateen | Anfahrt Von der Corniche aus ganz am Ende in die King Abdullah bin Abdulaziz Al Saud St links abbiegen. An der ADIB (Abu Dhabi Islamic Bank) rechts in die Al Quffal St abbiegen. Das Gebäude liegt linker Hand an einem großzügigen Parkplatz. | Tipp Unter den zur Stadtverschönerung ausgewählten Künstlern befindet sich auch die deutsche Graffitikünstlerin Claudia Walde, bekannt als MadC, die gleich ein 18-stöckiges Haus besprühte. Das Gebäude befindet sich in der Al Ruwaysi Street, nahe dem Fathima-Supermarkt.

27 Die Buddha-Bar

Ladies Night auf Abu-Dhabisch

In Abu Dhabi sind Ladies Nights äußerst beliebt. Ob preisgünstige Cocktails, Vergünstigungen beim Abendessen oder einen Snack vom Haus gleich an der Bar – jeden Abend finden sich überall in der Stadt gleich mehrere Angebote, und man hat die Qual der Wahl. Im Glow darf sich jede Besucherin kostenlos drei Gläser Wein bestellen, wenn sie mag. Und auch für diejenigen, die nicht so gerne Alkohol trinken, gibt es meist leckere Mocktails. In der Barfly by Buddha-Bar werden mittwochs zwischen 20 und 23 Uhr gemixte Getränke und gutes Essen mit asiatischem Einfluss angeboten. In den kühleren Monaten genießt man von der Terrasse aus dazu noch eine herrliche Aussicht.

Einen Drink zur im Meer versinkenden Sonne kann man kaum schöner bekommen als in der Buddha-Bar Beach am herrlichen Strand von Saadiyat im St. Regis Saadiyat Island Resort. Beim Yuuhi Sundowner Special (yūhi ist das japanische Wort für Abendsonne) genießt man auf dem Holzdeck den Blick auf das türkisblaue Wasser. Die Cocktails werden bis nach Sonnenuntergang nicht nur günstig, sondern auch äußerst kreativ serviert.

Buddha-Bars gibt es mittlerweile weltweit. Die erste entstand 1996 in Paris, woraufhin sich weitere Ableger über das Franchise-Prinzip verbreiteten. Eine besondere Rolle bei diesem Konzept spielt die Musik: kultige Lounge-Klänge, die von 1999 an auch auf CDs verkauft wurden. Damit sollte man sich das chillige Urlaubsgefühl in die eigenen vier Wände holen, denn viele dieser besonderen Lokale befinden sich an besonders schönen Traumzielen. Wer also Lust hat, mit Freundinnen einen ausgelassenen Abend an einem Ort mit tollem Ambiente zu verbringen, der ist im Buddha-Bar Beach genau am richtigen Fleck. Der Terrassenbereich gilt übrigens als Bar und ist deshalb erst ab 18 Jahren zugänglich. Das asiatische Restaurant, das ebenfalls eine schöne Terrasse hat, gehört ebenfalls zur Lokalität.

Adresse The St. Regis Saadiyat Island Resort, Saadiyat Island, Abu Dhabi, Tel. +971/24988888, E-Mail: restaurant.saadiyat@stregis.com | Anfahrt Über die E 12 Richtung Yas Island, Ausfahrt Richtung Saadiyat Public Beach. Der Beschilderung folgen und im St. Regis Saadiyat Island Resort parken. | Öffnungszeiten Mo–Do 17–24 Uhr, Fr, Sa 12–24 Uhr | Tipp The Trioloy by Buddah Bar ist der jüngste Zuwachs und in Yas Bay Waterfront, Pier 71 zu finden.

28 Der Busbahnhof

Schroffer Beton mit arabischem Flair

Ein naheliegender Grund, den Busbahnhof Abu Dhabis zu besuchen, ist natürlich, dass man mit dem Bus verreisen möchte. Die Emirates-Express-Busse sind eine gute, schnelle und günstige Möglichkeit, sich innerhalb Abu Dhabis oder von einem Emirat zum anderen zu bewegen. Die am häufigsten genutzte Verbindung hier ist Abu Dhabi – Dubai. Die Busse fahren nach festen Fahrplänen etwa alle halbe Stunde, sind modern und bequem. Tickets nach Dubai werden im Terminal für 29 AED verkauft.

Ein anderer Grund für einen Besuch ist das Gebäude selbst. Auffällig schon wegen seines mintgrünen Anstrichs, setzt es sich mit seiner klaren Form deutlich von den benachbarten Hochhäusern und der dahinterliegenden Al Wahda Mall ab. 1989 wurde der Busbahnhof eröffnet. Zunächst hatte man ihn hell gestrichen, bald jedoch bekam er seine heutige Farbe, weil die Sonne auf dem Weiß allzu sehr blendete. Mit dem Bau beauftragt war der bulgarische Staatsbetrieb Technoexportstroy, der auch das Design übernahm. Der sozialistische Einfluss ist dominant. Dennoch ist auch die Richtlinie der damaligen Regierung erkennbar, nach der alle Bauwerke örtliche Traditionen und Stile widerspiegeln mussten.

An einem Ende des Bahnhofs steht ein Kontrollturm, den man eher an einem Flughafen vermuten würde. Er beherbergte früher das Verkehrsministerium. Der ansonsten minimalistische Bau hat viele planerische Details, die unter anderem für Beschattung sorgen. Andere Elemente, wie die in den Himmel ragenden Rampen, sorgen für seine Individualität. Insgesamt erstreckt sich das Areal über 50.000 Quadratmeter. Gleich neben dem Terminal liegt der Taxistand. Hier starten die Kleinbusse und Taxis immer dann, wenn der Wagen voll ist. Sie sind nicht beschriftet, und auch Fahrpläne sucht man hier vergebens, die Tickets werden beim Fahrer gekauft. Lauthals wird angekündigt, wenn es losgeht, um auch noch den letzten Fahrgast anzulocken.

Adresse Hazza Bin Zayed Road, Muroor Road | Anfahrt Von der E 10 rechts auf die Hazza Bin Zayed Street fahren, dann an der ersten größeren Kreuzung links in die Sultan Bin Zayed The First Street abbiegen, der Terminal liegt nun links. | Tipp Auf der anderen Straßenseite, auf die man über die Fußgängerbrücke gelangt, befindet sich eine Filiale der lokalen Kette Le Chocola (ohne t), in der es leckere Schokolade unter anderem in Form von Kaffeekännchen gibt.

29 Die Bushaltestelle

Cool bleiben bei fast 50 Grad

Reden wir nicht um den heißen Brei herum: Das Autofahren gehört in den Emiraten zum guten Ton, und wer es sich leisten kann, der cruist mit einem möglichst großen, meist weißen und klimatisierten SUV durch die Lande. Je edler der Wagen, desto besser. Es sind also eher die weniger gut Betuchten, die an den Bushaltestellen stehen und tagtäglich auf den öffentlichen Nahverkehr warten. Klar, ab und an werden auch individuelle Touristen diese Fortbewegungsmöglichkeit wählen. Aber wer möchte schon bei 48 Grad und extrem hoher Luftfeuchtigkeit am Straßenrand stehen und warten?

2007 wurden in Dubai die ersten klimatisierten Haltestellen aufgestellt. Flugs zog Abu Dhabi nach, und seit 2008 gibt es auch hier solche Busstopps. In den letzten Jahren wurde nochmals deutlich nachgerüstet, denn viele Einwohner und auch Touristen hatten sich über die unerträglichen Zustände beschwert, und ihre Klagen wurden erhört. Bis Ende 2020 wurden laut Regierung 400 neue Bushäuschen installiert. Form und Aussehen variieren. So wurden auch eine Reihe von Stationen aufgestellt, die sich in ausrangierten Schiffscontainern befinden. Neben der Kühlung sind alle Häuschen mit einem QR-Code-Bildschirm ausgestattet, der über Busrouten und Fahrzeiten informiert. Meist gibt es sechs Sitzplätze in den futuristisch anmutenden Stationen.

Ziel ist es, dass die Wartenden nicht mehr so furchtbar schwitzen sollen, denn schließlich ist man sich auch im zukunftsorientierten Abu Dhabi heute darüber bewusst, dass die Zukunft der Mobilität nicht ausschließlich im eigenen Pkw liegen kann. Die Verbesserung des öffentlichen Nahverkehrs kann demnach auch als Ermutigung zu dessen Nutzung gesehen werden. Immerhin 52 Millionen Busfahrten wurden laut Regierung 2018 unternommen, aber der Weg ist sicherlich noch lang. Zumindest können diejenigen, die in Abu Dhabi nicht zur privilegierten Schicht gehören, ein wenig aufatmen. Im Bushäuschen bleiben sie heute cool.

Adresse In der Rashid bin Saeed Street vor dem Al Manhal Palace in traditionellem Braun; in der Sultan Bin Zayed The First Street vor der Khalifa University die neuere Version in Grau | Anfahrt Von der Mubarak Bin Mohammed Street in die Hazza 'Bin Zayed The First Street in Richtung Al Manhal Palace fahren. Zur Universität von Sultan Bin Zayed The First in die Shakhbout Bin Sultan abbiegen. | Tipp Die Buslinie 94 fährt von Wahat Al Karamah bis zum Louvre auf Saadiyat. Von vielen Haltestellen aus kann man fußläufig viele Sehenswürdigkeiten ganz bequem erreichen – wie die Scheich-Zayid-Moschee oder das Qasr Al Hosn zum Beispiel.

30_Das Cafe Arabia

Begegnungsstätte arabischer und westlicher Kultur

Dieses Café gegenüber dem Umm Al Emarat Park gibt es schon seit über zehn Jahren – für emiratische Verhältnisse ist das beinahe eine Ewigkeit. Gerade das macht es zu einer Seltenheit in einer Stadt, die stets nach Neuen und Angesagten strebt. Dass es nicht in einer Mall oder in einem Hotel untergebracht ist, sondern in einer für diesen Straßenabschnitt typischen Villa, war der Gründerin Aida Mansour, die libanesische und palästinensische Wurzeln hat, besonders wichtig. Ein weiteres Anliegen ist es, hier Menschen aus verschiedenen Kulturen über das Essen, Kunst und Literatur zusammenzubringen.

Eine Fotowand im Eingang mit vielen Schwarz-Weiß-Porträts arabischer Persönlichkeiten möchte deren Verdienste auch westlichen Besuchern nahebringen. Schauspieler, Nobelpreisträger, Literaten und Geschäftsmänner sind dort zu sehen. Sie stammen aus Ägypten, Palästina, dem Libanon oder dem Irak. An einer anderen Wand zieren Farbfotos berühmter Gäste die Wand. Darunter auch Frank-Walter Steinmeier, Mitglieder der königlichen Al-Nayhan-Familie und Musiker wie Marcel Khalifé, der durch seine unkonventionelle Spielweise auf der Oud bekannt wurde.

Das Café-Restaurant ist sich über die Jahre treu geblieben, ohne auf gelegentliche Neuerungen in der Speisekarte und im Dekor zu verzichten. Plüschige Sessel, in denen Teddybären auf ihre Tischnachbarn warten, bunte arabische Lampen und Bücherregale sorgen für Gemütlichkeit; Leuchtschrift und Bartresen im ersten Stock für ein stylishes Ambiente. Für die Wintermonate gibt es sogar eine Dachterrasse. Auf der Speisekarte wechseln sich etablierte arabische Gerichte mit internationalen Klassikern ab, dazu gibt es eine große Auswahl an Kaffees, Tees und hausgemachtem Kuchen. Es empfiehlt sich, etwas Zeit mitzubringen. Schließlich geht es im Cafe Arabia um Begegnung und Austausch – und das sieht auch das Servicepersonal so.

Adresse Villa Nr. 37, Mohammed bin Khalifa Street, zwischen Al Karamah Street und Sheikh Rashid bin Saeed Street, | **Anfahrt** Von der Corniche auf die Sheikh Rashid bin Saeed Street abbiegen, dann rechts in die Mohammed bin Khalifa Street. Parkplätze gibt es direkt davor. | **Öffnungszeiten** täglich 8–23 Uhr | **Tipp** Der Wisdom Garden gegenüber im Umm Al Emarat Park ist den Weisheiten Scheich Zayids gewidmet. In große Steinsäulen sind Sprüche des Gründervaters der Vereinigten Arabische Emirate gemeißelt.

31 Das Capital Gate

Der schiefste Turm der Erde

Es sieht einfach fantastisch aus, steht man vor diesem Turm und blickt hinauf in die Höhe. Die ist mit ihren 160 Metern zwar nicht umwerfend, aber die Neigung des Capital Gate mit ihren 18 Grad westwärts ist viermal so stark wie bei seinem berühmten Vorfahren in Pisa. Hier allerdings handelt es sich nicht um eine Fehlkonstruktion, sondern um die exakt berechnete Absicht von Architekten und Ingenieuren. So hat es das Bauwerk als am stärksten geneigter Turm der Erde ins Guinnessbuch der Rekorde geschafft – und Abu Dhabi zeigt der Welt einmal mehr, wozu es in der Lage ist.

Bis zum zwölften Stockwerk ragt der Tower einfach gerade nach oben, erst dann verschieben sich die einzelnen Etagen immer ein Stückchen aus der Mitte des Gebäudes heraus, bis das letzte Geschoss ungefähr 24 Meter über die Grundfläche hinaus steht. Das britische Architekturbüro Robert Matthew Johnson Marshall, kurz RMJM, nutzte verschiedene Konstruktionsfinessen, um dennoch Stabilität zu garantieren. Erst einmal sorgt ein Gitternetz aus Stahl dafür, dass die natürlichen Kräfte, die durch Wind und seismische Belastungen einwirken, aufgefangen werden. Für dieses Metallskelett wurden 7.000 Tonnen Stahl verarbeitet. Der Versorgungsschacht im Inneren, in dem sich Aufzüge und Fluchttreppen befinden, wurde für die Statik in entgegengesetzte Richtung zur äußeren Krümmung errichtet. Zusätzlich rammte man insgesamt 490 Pfähle bis zu 30 Meter tief in den Boden, die das Gebäude fest verankern und weitere Bodenhaftung gewähren.

Neben Büroräumen befindet sich im Capital Gate ab dem 17. Stockwerk ein Hyatt-Hotel der Luxusklasse. Der Blick aus den Panoramafenstern muss sensationell sein, zumal durch die Neigung der Eindruck entsteht, dass man über dem Boden schwebt. In der Hotellobby kann man beim Blick nach oben einen weiteren Eindruck davon erhaschen, was moderne und mutige Architektur heute zu leisten vermag.

Adresse Capital Gate, Al Khaleej Al Arabi Street, Abu Dhabi | Anfahrt Von Al Bateen Beach kommend der Al Khaleej Al Arabi Street circa vier Kilometer folgen, der Capital Gate Tower liegt auf der linken Seite. | Tipp Am Fuße des Turms befindet sich das Abu Dhabi National Exhibition Center. In dem riesigen Komplex finden zahlreiche Messen statt, oft zu den Themen Jagd oder Rüstung. Auch die World Future Energy Summit, kurz WFES, die sich seit 2008 mit Energien der Zukunft und erneuerbaren Technologien beschäftigt, tagte hier.

32 Die Corniche

Die Hauptschlagader Abu Dhabis

Prachtboulevard, Küstenstraße, Hauptverkehrsader, Strandpromenade, Radweg, Flaniermeile, Trimm-dich-Pfad und krönender Abschluss Abu Dhabi Islands im Nordwesten – all dies ist die Corniche für die Bewohner der Stadt. Und das spürt man. An den Wochenenden bevölkern die Einheimischen die öffentlichen Strände, Gehwege und Grünanlagen. Mehr als 1.000 Parkplätze machen den Zugang auch für jene leicht, die nicht in Laufweite wohnen. Gut 9,5 Kilometer führen zu Fuß, mit dem Fahrrad oder im Auto entlang an Hochhäusern, Geschäftszentralen, Monumenten, Hotels, von Mina Port bis hin zum Präsidentenpalast.

Zu den wichtigsten Festen des Jahres wie Ramadan oder dem National Day am 2. Dezember erstrahlen die feierlichen Leuchtdekorationen an der Corniche bei Nacht wie an keinem anderen Ort Abu Dhabis. Dann finden hier Fliegershows und Feuerwerk statt, Blechlawinen wälzen sich den Boulevard entlang, die ganze Straße wird zur Festmeile. Beinahe wie aus dem Nichts ist die Corniche zwischen 2002 und 2004 entstanden. Durch künstliches Aufschütten von Sand wurden dem Meer 150 Meter abgerungen. Beliebte Ausflugsziele wie der Vulkanbrunnen und der Clock Tower mussten dafür leider weichen.

Zwei Hotels an der Corniche erinnern noch an die große Veränderung: Das Sheraton Hotel aus dem Jahr 1979 steht verloren zwischen den mittlerweile entstandenen modernen Hochhäusern. Mit seiner Farbe an die Silos der Getreideebenen Amerikas erinnernd, residiert es hartnäckig an seinem Standort, als sei nichts geschehen. Genau dort, wo sich der zum Hotel gehörende Strand befindet, endete Abu Dhabi Island einst. Das ehemalige Hilton am anderen Ende der Corniche, 1973 erstes Hotel der Stadt, ist ein weiterer Zeitzeuge. Hier verbindet heute eine Unterführung den Strandclub mit dem Radisson Blue. Gleich gegenüber liegt die ebenfalls künstlich geschaffene Insel Lulu, die vieler Baupläne zum Trotz noch heute weitgehend Brachland ist und nur mit dem Boot erreicht werden kann.

Adresse Corniche, Abu Dhabi Island | **Anfahrt** Sowohl die E 10 als auch die E 22 führen stadteinwärts auf die Corniche | **Tipp** Der Strandabschnitt Al Bahar wurde 2018 ganz neu konzipiert. Alles ist elegant in Weiß gehalten. Auch hier gibt es Strände, Foodtrucks und viele verschiedene Sportmöglichkeiten.

33_Die Cultural Foundation

Kulturelles Futter für eine junge Nation

Dieser Institution Abu Dhabis ist es glücklicherweise gelungen, dem Modernisierungsdrang der Stadtentwickler zu trotzen. Verantwortlich für den Entwurf war 1981 The Architects Collaborative; ein Büro, das Walter Gropius 1945 in den USA gemeinsam mit einer Reihe von jüngeren Architekten gegründet hatte und das 50 Jahre lang existierte. Bekanntestes Gebäude dieser Architektengruppe ist wohl das MetLife Building in New York City. In Abu Dhabi bemühte man sich beim Bau, moderne Einflüsse mit lokalen Elementen zu verbinden.

Die letzte Umgestaltung erfolgte über einen Zeitraum von fast zehn Jahren bis 2018. Währenddessen wandelte sich im Emirat die Haltung der eigenen Vergangenheit gegenüber. Wollte man lange einfach nur Neues und Modernes, entstand in den letzten Jahren auch der Wunsch, das Alte und Traditionelle zu bewahren. Heute bilden Türen mit geschnitzten Verzierungen, die in einem schönen Kontrast zu den hellen Betonwänden stehen, die Muster an den Wänden und im Fußboden sowie das Design der Deckenbeleuchtung weiterhin eine Reminiszenz an die traditionelle islamische Architektur.

Die Cultural Foundation gehörte bei ihrer Eröffnung zu den ersten Einrichtungen, die den Bürgern der Stadt sowohl als Zentrum für Kulturvermittlung als auch als sozialer Treffpunkt diente. Hier sollte der Intellekt angespornt und der noch jungen Nation ein neuer Geist eingehaucht werden. So entstand unter anderem Abu Dhabis erste staatliche Bibliothek, die auch heute noch die größte Sammlung von Büchern und Schriften der Stadt beherbergt. Auch gab es hier ein Auditorium und Raum für Kunstausstellungen. Heute wird hier vor allen Dingen junge arabische Kunst gezeigt, es gibt Theater- und Tanzaufführungen, Konzerte, Performances und Workshops. Neben der Kinder- und Jugendbibliothek finden auch Ausstellungen statt, die speziell für junge Menschen konzipiert werden. Die Cultural Foundation bleibt also ein offener und lebendiger Ort für alle Interessierten.

Adresse Sheikh Rashid bin Saeed Al Maktoum Street, 2nd Street, West 3, info@culturalfoundation.ae | **Anfahrt** Von der Corniche in die Sheikh Rashid bin Saeed Mubarak einbiegen, rechts halten und in die Tiefgarage unter dem Qasr Al Hosn einbiegen. Die Cultural Foundation befindet sich direkt am Treppenaufgang. | **Öffnungszeiten** Sa–Do 10–19 Uhr, Fr 14–19 Uhr | **Tipp** Im Wild & The Moon Café wird veganes Essen angeboten. Die Einrichtung ist schlicht und natürlich, das Konzept lässt gesundheitsbewusste Herzen höherschlagen: Kalt gepresste Säfte, Smoothies und Salate sind hausgemacht. Täglich von 9–20 Uhr.

34 Der Cupcake-Automat

Aber bitte mit Sahne

Auf der Freizeitinsel Hudayriyat, die man über eine eindrucksvolle Brücke von Al Bateen aus erreichen kann, wird viel körperliche Ertüchtigung betrieben. Die hier entstandenen Sportstätten sind vielfältig, originell und modern. Aber es wird auch jede Menge gegessen und getrunken, denn an der wunderbaren Strandpromenade Al Marsana gibt es eine ganze Reihe von Restaurants und Cafés. Genau hier zwischen bunten Sonnensegeln findet sich auch die neueste Attraktion für Foodies: Der erste und bislang einzige Cupcake-Automat in den Emiraten. Der rosarote Kasten sieht aus wie ein Geldautomat, doch statt Scheine auszuwerfen, spuckt dieser leckere kleine Küchlein aus. Die Bedienung ist ein Kinderspiel, das größere Problem sicher die Wahl der Geschmacksrichtung: Acht gibt es insgesamt, von Pistazie-Nutella über Oreo bis hin zu Safran. Keine Minute später hält man eine pinkfarbene quadratische Verpackung in der Hand, darin der gewünschte kulinarische Genuss. Die Schnelligkeit der Dienstleistung lässt es erahnen: Dieser Automat kann weder backen noch dekorieren. Regelmäßig wird das süße Backwerk nachgefüllt. Die Bezahlung erfolgt mit Karte, zwischen 18 AED und 24 AED kostet die süße Versuchung.

Wer anschließend das Bedürfnis hat, sich ein wenig zu bewegen, um eventuell einem weiteren Gebäckstück Platz zu schaffen, dem sei der Hudayriyat Heritage Trail ans Herz gelegt. Er beginnt hier in Al Marsana und führt Richtung Norden 1,5 Kilometer an der Küste entlang. Über hübsch angelegte Holzstege und komfortable Sandwege kann man sich beim Gehen über die historische und kulturelle Bedeutung der Insel informieren. An verschiedenen Stationen, zum Beispiel an der Pearl Oyster Shell Node, gibt es Ansammlungen von Austernschalen, die die einstige Anwesenheit von Perlenfischern an diesem Ort belegen. Skulpturen zeigen Tiere aus den flachen Gewässern des Arabischen Golfs, wie Haie, Dugongs und auch Reiher.

Adresse Al Marsana auf Hudayriyat Island, 18–24 AED pro Stück, je nach Sorte. Zahlung ist nur mit Karte möglich. | **Anfahrt** Von der Shakhbout Bin Sultan Street nach Hudayriyat Island, dann immer weiter geradeaus in Richtung Al Marsana Beach fahren. | **Öffnungszeiten** täglich 8–23 Uhr | **Tipp** Wer lieber in Ruhe und im Sitzen genießen möchte, kann dies zum Beispiel im Café DRVN in Al Marsana tun. Die umfangreiche Kaffeekarte lockt viele Emirati an – außerdem sorgen hier Oldtimer für spezielle Dekoration.

35 Der Dattelmarkt

Antikes Powerfood

Sie gilt als eine der ältesten von Menschenhand angebauten Kulturpflanzen und ist in der Golfregion seit Tausenden von Jahren heimisch. In der arabischen Kultur stehen ihre Früchte für Gastfreundschaft und werden zur Begrüßung zum Kaffee gereicht. Auch im Koran finden die süßen Datteln Erwähnung. So wird das Fastenbrechen während des Fastenmonats Ramadan jeden Abend nach Sonnenuntergang mit ihnen begonnen. Vier Millionen Tonnen werden jährlich geerntet, 90 Prozent davon stammen aus Nahost. Die Emirate zählen zu den zehn größten Anbaugebieten.

Auch in der westlichen Welt erfreut sich die Energiebombe zunehmender Beliebtheit, was nicht nur auf ihren süßen, karamellartigen Geschmack zurückzuführen ist. Auch ihre nahrhaften Eigenschaften und Inhaltsstoffe machen sie zur gesunden Nascherei. Circa 16 Millionen Dattelpalmen wachsen in den Emiraten. Geerntet wird von September bis Januar, doch der Dattelmarkt, zwischen den Obst- und Gemüsehändlern in Mina Port zu finden, ist ganzjährig geöffnet. Ein kompletter Straßenzug ist dem Markt gewidmet, ein Geschäft reiht sich hier ans nächste. Kaum hat man den Stand betreten, erklärt einem der freundliche Verkäufer auch schon Herkunftsland und Sorten der Auslagen. Sekunden später hat man bereits eine Frucht im Mund – ein Genuss!

Die edelste unter ihnen ist die Medjool-Dattel, die Königsdattel. Sie war ursprünglich nur den Königen vorbehalten und ist größer, fleischiger und fruchtiger als alle anderen Datteln. Noch mindestens ein Dutzend weiterer Sorten wie Khalas aus den Emiraten oder Mabroom und Safawi aus Saudi-Arabien sind in den Auslagen zu sehen. Die Preise unterscheiden sich erheblich voneinander. Auch Trockenfrüchte wie Kiwis, Mangos oder Erdbeeren sowie Nüsse und Gewürze, darunter Kardamom oder Safran, werden angeboten. Letzterer wird aber hinter Glas unter Verschluss gehalten, gilt er doch als das teuerste Gewürz der Welt.

Adresse Port Zayed, im Mina Market, Al Sadaf Street | **Anfahrt** Die Corniche in Richtung Zayed Port fahren, links in die Al Luluah Street abbiegen. Der Dattelmarkt liegt auf der rechten Seite ziemlich am Anfang. | **Öffnungszeiten** 7 Uhr bis Mitternacht | **Tipp** In der Al-Dhafra-Region findet jährlich im Juli das Liwa Date Festival statt. Tausende von Dattelbauern kämpfen dann hier um Preise, die zum Beispiel für den schwersten Dattelzweig vergeben werden.

36 Die Dugong-Skulptur

Scheue Schwergewichte

Vor dem Patron Meat House an der Corniche, nur wenige Meter vom Strand entfernt, sieht es beinahe so aus, als würden zwei Skulpturen aus der Pflasterung hervorkriechen. Dabei handelt es sich um Nachbildungen von sogenannten Gabelschwanzseekühen, manchmal auch Seeschweine, meist aber Dugongs genannt. Die freundlich aussehenden Tiere, die bis zu 3,50 Meter lang werden, wirken wie Überbleibsel aus einer anderen Zeit. In den letzten Jahren haben die Emirati ihre Zuneigung für diese Seekuhart entdeckt. 2009 wurde eine Stiftung gegründet, die sich weltweit dem Schutz der bedrohten Tiere widmet und außerdem für den Erhalt von Seegrasfeldern sorgen soll. Seegras ist hier in den flachen Küstengebieten bis jetzt noch ausreichend zu finden, und Dugongs lieben es ganz einfach – tagtäglich können sie ohne Probleme 60 bis 80 Kilo ihrer Leibspeise vertilgen. So ein Koloss von circa 400 Kilo Gewicht braucht schließlich ordentlich Futter. Auch Seegraswiesen sind mittlerweile durch Umwelteinflüsse bedroht.

Außerhalb Australiens lebt die größte Population der Dugongs heute im Arabischen Golf. Dennoch ist es äußerst schwierig, den scheuen Tieren auf einer Bootstour zu begegnen, weil sie meist schnell fliehen. Delphine oder Meeresschildkröten sind da schon leichter zu entdecken.

Da ist es ein kleiner Trost, dass eine weitere Skulptur – dieses Mal eine Bronze – im Umm Al Emarat Park zu bewundern ist. Der ausgewachsene Dugong mit seinem kleinen Kalb ist das Werk der englischen Bildhauerin Gill Parker. Die Künstlerin ist in erster Linie berühmt für ihre lebensnahen Schöpfungen von Pferden, sie hat aber auch bereits zahlreiche andere Tiere gearbeitet. Neben dem Dugong sind im Park vier weitere Lebewesen zu finden, die am Arabischen Golf zu Hause sind. Zu sehen sind hier Plastiken der sogenannten Echten Karettschildkröte, des Arabischen Oryx, des Sakerfalken und des Rosaflamingos.

Adresse Vor dem Patron Meat House, am Radweg der Corniche; Umm Al Emarat Park, Mohammed Bin Khalifa, Ecke Al Karamah Street | Anfahrt Patron Meat House, über die Corniche zu erreichen, liegt gegenüber der Al Quo'Street. Der Umm Al Emarat Park ist über die Sheikh Rashid Bin Saeed Street erreichbar – im Park auf dem Übersichtsplan nach den Skulpturen schauen. | Tipp Eine weitere Dugong-Skulptur ist auf dem Hudayriyat Heritage Trail auf Al Hudayriyat Island zu entdecken. Das Ocean Dive Center in der Emirates Palace Marina bietet Tauchkurse und Touren an – unter anderem zu versunkenen Schiffswracks. www.oceandivecenter.ae

37_Eastern Mangroves

Grün in der Großstadt

Der besondere Reiz dieses Gebäudekomplexes liegt zweifelsohne in seiner Lage direkt gegenüber vom Mangroven-Nationalpark. Entstanden ist hier eine Mischung aus Wohnanlage, Einkaufsmöglichkeiten, einem kleinen Hafen und dem Anantara Eastern Mangroves Hotel. Letzteres wurde 2012 eröffnet und bietet neben den geräumigen Zimmern, die meist einen schönen Blick auf die Mangroven eröffnen, jede Menge Annehmlichkeiten. Auch der Spa lässt mit viel Marmor, Spiegeln und Wasserspielen keine Wünsche offen. Man sollte auf jeden Fall ein Zimmer in Richtung der Promenade buchen, da zur anderen Seite hin eine große Straße verläuft. Der architektonische Stil der komfortablen Unterkunft ist arabisch. Die 222 Zimmer sind stets gut gebucht und die Gäste begeistert von der Lage an der türkis leuchtenden Lagune und den grünen Mangroven gleich dahinter. Dennoch ist es zentral, und die Fahrt in die Stadt dauert von dieser Oase aus nicht länger als zehn Minuten.

Gleich vor der Anlage verläuft die Eastern Mangroves Promenade, die es an Beliebtheit schon fast mit der Corniche aufnehmen kann. An ihrem östlichen Ende gibt es einige Restaurants, und gestresste Städter schätzen den Ort als kleine Flucht aus der Hektik. Auch Jogger kommen gerne hierher, um die Strecke am Wasser entlangzulaufen. Weil die Promenade hell erleuchtet ist, ist ein Ausdauerlauf ebenfalls am Abend möglich.

Direkt an der Promenade befindet sich außerdem die Noukhada Adventure Company, die sich auf Kajaktouren durch den Nationalpark spezialisiert hat. Allein oder in einem Zweierboot paddelt man dann circa zwei Stunden durch diese faszinierende Landschaft und erfährt eine Menge über ihr Ökosystem. Auch nächtliche Ausflüge sind im Programm, und einmal monatlich findet eine sogenannte Vollmondtour statt – ein kleines Abenteuer, das insbesondere in lauen Sommernächten äußerst attraktiv ist.

Adresse Anantara Eastern Mangroves Hotel, Al Salam Street, Zone 1, Eastern Mangroves, Tel. +971/26561000 | Anfahrt Über die E 10 noch ein Stück am Mangroven-Park vorbeifahren. Dann in Richtung Anantara Eastern Mangroves abbiegen. | Tipp Seinen Spaziergang erweitern kann man von hier aus noch über die 3,5 Kilometer lange Al Gurm Corniche, die 2021 mit Running- und Cyclingtracks ganz neu herausgeputzt wurde. Das Lokal Peppermill bietet schmackhafte Curries und Tandoori-Gerichte, www.peppermill.ae

38_Der Edelschuster

Wie französische Handwerkskunst erlesenes Schuhwerk rettet

Wenn emiratische Damen durch die edlen Einkaufsmeilen Abu Dhabis schlendern, geschieht das meist in edlem Schuhwerk. Hübsch verzierte Sandalen oder hochhackige Pumps lassen sich bei jedem Schritt unter der schwingenden, bodenlangen Abaya erkennen. Glaubt man einer Studie, stehen High-Heels-Trägerinnen besonders gerne im Mittelpunkt. Überhaupt lasse sich viel von der Fußbekleidung ablesen: Selbstsicherheit, Stilbewusstsein, Stimmung, ja, sogar auf den Charakter ließen sich Rückschlüsse ziehen. Schuhe waren schon immer voller Symbolkraft, wie auch die Märchen belegen. Was wären schließlich Aschenputtel ohne Glasslipper und der Kater ohne seine Stiefel?

Von ebenso großer Wichtigkeit wie der Schuh selbst ist aber dessen Zustand und Gepflegtheit. Auch noch so teure Schuhe sehen irgendwann abgenutzt aus. Diesen edlen Exemplaren ihren alten Glanz zurückzugeben, das hat sich die Französin Sibylle Arnold-Shish vorgenommen und vor einigen Jahren The Cobbler gegründet. Um hohe Qualitätsstandards zu garantieren, ließ sie die Schuster von Mitgliedern der Compagnons du Devoir, der prestigereichen Handwerksgilde Frankreichs, ausbilden. Sie ist für hohe handwerkliche Kunst und Leidenschaft für ihr Metier bekannt. Seitdem wird hier mit viel Liebe zum Detail und fachkundiger Hand repariert, gefärbt, gewaschen, geklebt, gecremt – vom Wiederherstellen der charakteristischen roten Sohle der Louboutins über das Reparieren eines im Pflasterstein hängen gebliebenen Pfennigabsatzes bis hin zur Generalüberholung abgelaufener Sneaker.

Dass aber auch die Herren längst ein Faible für elegantes, gutes Schuhwerk entwickelt haben und eine wichtige Zielgruppe sind, zeigt schon die Aufmachung des Ladens. Auf einem Billardtisch stehen handgefertigte Schuhe, und Pflegeprodukte und Schnürsenkel dürfen im Angebot nicht fehlen.

Adresse Galleria Mall, Level L2, Al Maryah Island, www.cobbler.ae/en | Anfahrt Über Hamdan bin Mohammed oder Zayed The First Street nach Al Maryah Island fahren. Die Galleria Mall liegt zwischen beiden Straßen, die Zufahrt zu den Parkhäusern liegt hinter der Mall. | Öffnungszeiten Sa–Mi 10–22 Uhr, Do 10–24 Uhr, Fr 12–24 Uhr | Tipp Die Uferpromenade an der Galleria Mall bietet einen tollen Blick auf Abu Dhabi. Die dort ansässigen Restaurants verfügen allesamt über Terrassen.

39 Die Electra Street

Wo die Glühbirnen zu Hause sind

Die Electra Street befindet sich mitten im Zentrum Abu Dhabis. Bevor die Straßen der Stadt nach emiratischen Staatsmännern und -frauen benannt wurden, waren sie einfach durchnummeriert. Diese war die 7. Straße und unter dem Namen Electra Street bekannt, weil sich hier Läden angesiedelt hatten, die alles anboten, was das gemeine Elektrikerherz höherschlagen ließ. Noch heute finden sich im Straßenabschnitt zwischen dem Le Méridien Hotel (siehe Kapitel 70) und dem Etisalat Tower viele kleine Geschäfte, die von Lampen über Batterien und Handys alles anbieten, was mit Elektrik zu tun hat. Obwohl die Ladenbesitzer mit der Konkurrenz der großen Shoppingmalls, dem Internet oder mit steigenden Mieten zu kämpfen haben, glauben in dieser beliebten Straße weiterhin viele von ihnen an die Tradition des Einzelhandels.

Heute ist ihr offizieller Name Sheikh Zayed The First Street, woran sich aber kein Bewohner so recht gewöhnen möchte. Über vielen Geschäften befinden sich Wohnungen, die in diesem Viertel noch bezahlbar sind. Es lohnt sich außerdem, einen Abstecher in die Seitenstraßen zu unternehmen. Dort werden weitere Lampen, aber auch Stoffe oder Bilderrahmen angeboten. Viele Restaurants, Cafés und sogenannte Baqalas – kleine Läden, die ein Stadtviertel mit dem Nötigsten versorgen – haben sich angesiedelt. Hier ist man mittendrin in einem der geschäftigsten Viertel der Hauptstadt! Einzig der Electra Park sorgt für etwas Erholung.

Die Electra Street ist außerdem für ihre Architekturschätze bekannt. Hier ist das Al-Ibrahimi-Gebäude (siehe Kapitel 3) zu finden, sowie auch das Obeid Al Mazru'i; beide stammen aus den 1980er Jahren. Die Außenfassade des Obeid Al Mazru'i erinnert mit ihrer kreisförmig ausgestanzten Betonfassade an eine Riesenausgabe von »Vier Gewinnt«. Hinter den Rundungen verbergen sich Balkone, die durch ihre Form gleichzeitig Sichtschutz und Schatten verleihen.

Adresse Zayed The First Street, auf Höhe von Sheikh Sultan bin Zayed und Delma Street | **Anfahrt** Um nichts zu versäumen, am besten die Zayed The First Street von der Al Zahiyah Street aus nehmen und bis zum Ende durchfahren. Die meisten Geschäfte befinden sich zwischen Sheikh Sultan bin Zayed und Delma Street. | **Tipp** Weitere interessante Architektur der 1980er gibt es in Form eines Toilettenhäuschens im Post Office Park in der Al Zahiyah Street.

40 Die Etihad Towers

Hochwertig hoch hinaus

Steil ragen sie in den Himmel auf und sind aus Abu Dhabis Skyline nicht mehr wegzudenken. Mit ihren skulpturalen Formen haben sie sich schnell zu einem Wahrzeichen der Metropole entwickelt. Ihr Design ist Reminiszenz an wichtige arabische Symbole: Segel, Schwerter und Falken. Mit ein wenig Fantasie leuchtet das ein. Die komplett verglasten Fassaden streben dynamisch und beschwingt in den nahezu immer blau strahlenden Himmel, den sie reflektieren. Die Kosten der Mini-Stadt beliefen sich auf circa vier Milliarden Dirham, das sind umgerechnet knapp eine Milliarde Euro.

Wachstum und nachhaltige ökonomische Entwicklung stehen seit Jahren auf der Agenda des reichsten Emirats. Auch wenn es mit der Nachhaltigkeit nicht immer klappt, symbolisiert der Bau der hoch hinausschießenden Wolkenkratzer den Ehrgeiz doch sehr gut. Entworfen wurden die Türme vom australischen Architekturbüro DBI. In drei Gebäuden befinden sich hauptsächlich Appartements, in einem Turm sind auch Büros untergebracht. In einem weiteren öffnete 2011 das Fünf-Sterne-Hotel Jumeirah, heute Conrad, seine Türen. Die 23 Meter hohe Lobby überblickt den Arabischen Golf. In der Lounge dort wird der Camelccino mit einem Kaffeegewürz besprenkelt, das Gewürzexperte Alfons Schuhbeck eigens für diesen Ort kreiert hat. Sage und schreibe 82 Kilometer Tischwäsche und 35 Kilometer Leinenservietten gehören zur exklusiven Ausstattung des Hotels.

Hotels sind in den Emiraten beliebte Orte für eine Verabredung zum Essen oder zum Tee am Nachmittag. Auch die emiratische Damenwelt mag es, sich in solch luxuriöser, komfortabler Umgebung mit Freundinnen zu treffen. Erwähnenswert ist, dass das Jumeirah sich mit der ersten weiblichen Führung im Nahen Osten brüsten konnte. Die deutsche Hotelmanagerin Doris Greif leitete es einige Jahre, bis sie auf eine Position in Frankfurt wechselte – und die Luxusbleibe bald darauf zum Conrad wurde.

Adresse Etihad Towers, Corniche W Street, Al Bateen, Abu Dhabi | Anfahrt Der Corniche in Richtung Südwesten folgen, auf Höhe des Emirates Palace in die Unterführung einbiegen, die einen U-Turn macht und direkt zum Hotel führt. Valet- oder Self-Parking nutzen. | Öffnungszeiten das Hotel Conrad ist rund um die Uhr geöffnet | Tipp In der Lobby des Conrad befindet sich ein aufwendig gestalteter Brunnen. Das Wasserbecken ist mit Mosaiken zum Thema Meer und Perlen geschmückt. Und übrigens: In Turm 3 der Etihad Towers liegt ein Showroom der legendären britischen Automarke Aston Martin.

41 Der Expo Pavillon 2010

In 24.000 Einzelteilen von Shanghai bis Abu Dhabi

1970 präsentierte sich Abu Dhabi erstmals auf einer Weltausstellung. Im japanischen Osaka trat das Emirat noch als Einzelstaat auf, denn die Gründung der VAE fand erst ein Jahr später statt. Seitdem nahmen die Emirate an acht Weltausstellungen teil. Ihre Ausstellungsgebäude fanden jedes Mal besondere Beachtung und konnten ständig steigende Besucherzahlen verbuchen. 2020 sollte die Expo erstmals in den VAE stattfinden. Pandemiebedingt verzögerte sich ihr Beginn. Unter dem Motto »Gedanken verbinden, die Zukunft gestalten« und mit einem spektakulären Pavillon startete sie in Dubai als Expo 2020 im Oktober 2021.

Die Ausstellungsgebäude der VAE haben sich im Laufe der Jahrzehnte genauso gewandelt wie das Land selbst. Stellten die Emirate sich auf den ersten Weltausstellungen noch eher traditionell vor, wurden ihre Pavillons bald futuristisch und modern. Auf der Expo 2010, die in Shanghai stattfand, präsentierte man sich in einem Gebäude, das nach Entwürfen des Architektenbüros Foster + Partner entstand. Seine Form war den Sanddünen der Wüste nachempfunden, dem gemeinsamen Element der sieben Emirate. Das Dach aus goldenem Edelstahl reflektierte die Sonne je nach Tageszeit in verschiedenen Schattierungen und symbolisierte so die variierende Beschaffenheit und unterschiedliche Tönungen des Sandes.

Der Pavillon gilt als erstes Ausstellungsgebäude einer Expo, das je vollständig ab- und im Heimatland wieder aufgebaut wurde. Alle 24.000 Teile mussten beschriftet werden, um den korrekten Wiederaufbau zu garantieren. Das goldene Edelstahl des Dachs wurde inzwischen durch ein nicht minder schönes aus silbergrauen Porzellanfliesen ersetzt.

Heute wird der Pavillon vom renommierten Berklee College of Music genutzt und ergänzt so die Kulturvielfalt, die gerade im Saadiyat Cultural District entsteht. Im Foyer sorgt das Café Nectar für jede Menge Vitamine.

Adresse GCM9+884 Saadiyat Cultural District, zwischen der Cranleigh School und dem Manarat al Saadiyat | Anfahrt Über die E 12 gelangt man nach Manarat al Saadiyat, dort den Schildern in Richtung Cultural District folgen. | Tipp Jeweils in eine Bodenplatte aus Glas eingelassen, stellt das Saadiyat Rotana Resort & Villas in seinem Empfangsbereich den Sand der sieben Emirate zur Schau.

42 Der Fahnenmast

Symbol für Einheit an der Corniche

Scheich Zayid Bin Sultan Al Nayan gilt als Gründungsvater der Vereinigten Arabischen Emirate. Am 2. Dezember 1971 hisste er als frisch gekürter Präsident vor dem Union House in Dubai erstmals die Fahne der Vereinigten Arabischen Emirate. Dort wurden die Dokumente zur Gründung des Landes unterzeichnet. Ra's al-Chaima trat als Nachzügler im Februar 1972 bei.

Jedes Emirat verfügte bereits über eine eigene Flagge, die nun durch eine gemeinsame ergänzt wurde. Das Design stammte von Abdullah Mohammad Al Maainah, der zu diesem Zeitpunkt gerade einmal 19 Jahre alt war. Bis er die gehisste Fahne sah, hatte der junge Mann keine Ahnung davon, dass sein Entwurf ausgewählt worden war. Die Flagge setzt sich aus den Farben Rot, Grün, Weiß und Schwarz zusammen. Diese Farben sind Symbol für die arabische Einheit und repräsentieren verschiedene wichtige Dynastien. Darüber hinaus steht das Rot stellvertretend für die Geschichte der früheren Flaggen und Herrscher, Grün symbolisiert die Fruchtbarkeit des Landes, das Weiß Frieden und Neutralität und die Farbe Schwarz das schwarze Gold und somit Wohlstand.

30 Jahre später wurde an der Corniche ein neuer 123 Meter hoher Fahnenmast aufgestellt, an dem seither eine riesige Fahne im Wind weht. Zur Zeit ihrer Errichtung galt er als höchster frei stehender Mast weltweit, womit Abu Dhabi es mal wieder zu einem Eintrag in das Guinessbuch der Rekorde schaffte. 2016 wurde das Monument einer gründlichen Überholung unterzogen. Der obere Abschnitt des Fahnenmastes wurde dabei verbessert, da die Fahne sich bei Winddrehung häufig um den Mast gewickelt hatte und ein Wartungsteam sie dann neu positionieren musste. Heute strahlt sie wie neu, und von ihrem Standort aus genießt man einen freien Blick auf Abu Dhabis Skyline. Ihren Status als höchster Fahnenmast der Welt musste sie bereits 2004 abgeben – der steht heute mit 170 Metern Höhe in Dschidda.

Adresse Al'Alam Street, nahe des Heritage Village, Abu Dhabi | Anfahrt Am Ende der Corniche rechts in die Al Marsa Street nach Al Marina, am ersten Kreisverkehr rechts abbiegen und bis zum Ende der Al'Alam Street fahren. | Tipp Vom Fahnenmast ist es bis Lulu Island nur einen Steinwurf entfernt. Die Insel wurde zum Schutz der Stadt künstlich aufgeschüttet. Hier gibt es, vielen Plänen zum Trotz, bis heute nur einige verlassene Hütten. Veranstalter wie The Yellow Boats bieten Touren rund um die Insel an.

43 Die Fahrstühle im Conrad

Bizarre Wandvertäfelung

Beim Betreten der Eingangshalle des ehemaligen Jumeirah Hotels, das erst kürzlich von der Hilton-Gruppe übernommen wurde, ist man beeindruckt von der Höhe und Geräumigkeit des Foyers, das einen tollen Blick auf den Arabischen Golf freigibt. Kein Wunder, dass die Rezeptionisten am Tag durchschnittlich acht Kilometer durch diese Hallen zurücklegen. Die für den Boden und die Wände verwendeten Materialien stammen aus den edelsten Steinbrüchen Italiens und Frankreichs. Von hier aus gelangt man linker Hand zu den Fahrstühlen, die die Lobby mit den verschiedenen Bereichen des Hotels verbindet.

Über Geschmack lässt sich bekanntlich streiten – aber was sich einem hier beim Öffnen der Aufzugtüren präsentiert, lässt einen jedenfalls nicht unbeeindruckt. Boden und Rückwand der Kabinen sind komplett mit blauem oder grün-schwarzem Marmor ausgekleidet. Die seltenen Steinformationen bilden im Muster mal zackige und runde Formen, mal ähneln sie einem Hufeisen. Es handelt sich dabei um sogenanntes verkieseltes oder auch versteinertes Holz, das ursprünglich von den Seychellen stammt. Über Millionen von Jahren sind diese Versteinerungen entstanden. Struktur und Form der ursprünglichen Baumstämme blieben dabei meist gut erkennbar. Das lässt sich auch im Wartebereich der Fahrstühle erkennen. Hier wurde alles mit einer Ausführung in Brauntönen dekoriert.

Der Lift führt übrigens abwärts zum Pool und verschiedenen Restaurants. Die Fahrt nach oben bringt einen zu den Konferenzräumen. Dort wird man im Vorraum durch ein weiteres Kunstwerk begrüßt: 16 Meter Durchmesser hat die runde Deckeninstallation, die an eine fliegende Untertasse erinnert. Die böhmische Firma Lasvit, die auch die Lüster in der Eingangshalle fertigte, hat hierfür drei Monate lang gewerkelt. Zwölf Tonnen Glas und Kristall wurden verbaut, und insgesamt 12.800 mundgeblasene Kugeln zieren den »Oculus«.

Adresse Conrad by Hilton, Etihad Towers, West Corniche Road, www.hilton.com, Tel. +971/28115555. Wer selbst parkt, statt Valet-Parking zu nutzen, kann direkt mit den Fahrstühlen in die Lobby fahren. | **Anfahrt** Der Corniche in Richtung Südwesten folgen, auf Höhe des Emirates Palace in die Unterführung einbiegen, die einen U-Turn macht und direkt zum Hotel führt. | **Tipp** In den Etihad Towers gibt es einen Ableger von Shot, einem in den Emiraten gegründeten, sehr beliebten Kaffeespezialisten.

44 Das Falkenhospital

Eine Klinik für gefiederte Freunde

Emirati pflegen gerne kostspielige Hobbys. Das Halten eines Falken gehört dazu. Für ihre Vorfahren spielten die Greifvögel in der Wüste eine lebenswichtige Rolle bei der Jagd auf Fleisch. Häufig teilte sich eine Beduinen-Gemeinschaft eines dieser Tiere. Heute halten viele Emirati einen eigenen Falken und hegen und pflegen sie liebevoll. Unterstützung erhalten sie dabei von der deutschen Tierärztin Margit Müller. Seit 2001 leitet diese das erste und größte Falkenkrankenhaus weltweit. In der von Männern dominierten Gesellschaft der Emirate hat sie sich über die Jahre großen Respekt erarbeitet.

Der Besitz eines dieser imposanten Vögel gilt als wichtiges Prestigeobjekt – kein Wunder, befinden sich die Kosten für ein Tier leicht im fünfstelligen Bereich. Es geht hierbei aber nicht ausschließlich ums Ansehen. Die heute sesshaften Geschäftsleute wollen mit dem Halten eines Falken auch ihre alten überlieferten Traditionen pflegen.

Hat man nun ein neues Tier beim Spezialhändler erworben, fährt man zum etwa 40 Kilometer außerhalb der Stadt liegenden Hospital. Dann wird überprüft, ob der Greifvogel gesund und sein Geld wert ist. Ist dies nicht der Fall, hat der Verkäufer die Pflicht, die lebendige Ware anstandslos zurückzunehmen. Die Untersuchungen sind umsonst, die Klinik wird von der königlichen Familie finanziert.

Seit 2001 leitet Margit Müller das einzigartige Krankenhaus. Mit viel Leidenschaft und großem Wissen widmet sie sich der Aufgabe, die Tiere zu pflegen und von ihren gesundheitlichen Beschwerden zu befreien. Mehr als 11.500 Vögel sind das jährlich. Lange dachten viele, die großen Falken seien männlich, und gaben ihnen deshalb Männernamen. Bei dieser Vogelart sind aber die Weibchen die größeren Tiere, was vielen immer noch schwerfällt, als Tatsache anzunehmen. Die deutsche Tierärztin aber hat sich ihren Platz mit viel Ausdauer unstreitig gemacht. Während einer ausführlichen Führung erfährt man viel über die Vögel und besucht sogar den OP-Saal.

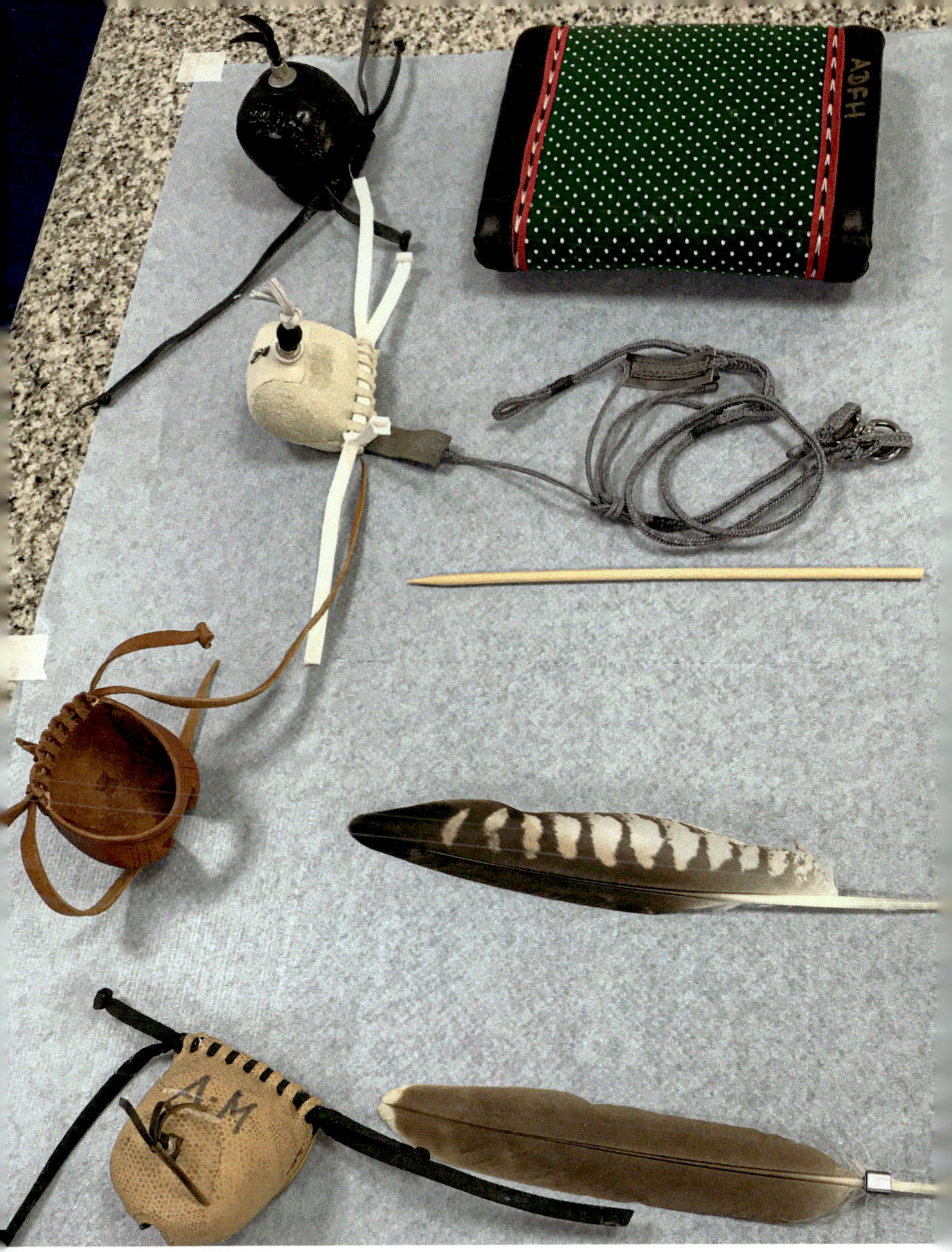

Adresse Sweihan Road, Abu Dhabi, Tel. +971/25755155, www.falconhospital.com | **Anfahrt** Das Hospital liegt nicht weit vom Internationalen Flughafen entfernt. Der E 20 bis Yaw Um Jarn Street folgen. Sehr scharf rechts abbiegen und Schildern folgen. | **Öffnungszeiten** Mo–Do 10–14 Uhr, Fr und So 10 Uhr. Besichtigungen sollten online gebucht werden! | **Tipp** Höhepunkt für jeden Besucher ist es, sich am Ende einen Lederhandschuh überzustülpen und einen der Falken selbst auf der Hand zu tragen.

45 Die Filmkulissen

Stelldichein der Stars

Abu Dhabi erfreut sich bei Filmemachern zunehmender Beliebtheit. Schon seit Längerem werden hier viele arabische Filme gedreht, und auch Bollywood ist regelmäßig zu Gast. Inzwischen wird die Hauptstadt der Emirate aber auch bei internationalen Filmcrews immer beliebter. Verwunderlich ist das nicht – das Emirat fördert Filmaufnahmen und zieht durch attraktive Produktionskosten die Crews ins Land. Auch darüber hinaus hat Abu Dhabi einiges zu bieten: futuristische Hochhauskulissen auf Al Reem Island sorgen für Großstadtflair, dazu türkisblaues Wasser, weißer Sandstrand und luxuriöse Hotels. Der Yas Marina Circuit und kilometerlange Asphaltstraßen in der Wüste eignen sich perfekt für Verfolgungsjagden. Die Moscheen schaffen arabisches Flair; der Louvre und das Aldar HQ sind weitere Schauplätze. Beliebtester Drehort aber ist und bleibt die Wüste mit ihren roten Dünen und ihrer endlosen Weite.

Über 85 große Filmproduktionen hat es schon gegeben, darunter viele Blockbuster. »Fast & Furious 7« aus dem Jahr 2015 ist nur ein Beispiel. Hier rast der Hauptdarsteller in schwindelerregender Höhe von einem Etihad Tower in den nächsten, bevor der Wagen in die Tiefe fällt. Vor dem Emirates Palace Hotel geben sich Luxussportwagen ein Stelldichein. Ganze 24 Schauplätze tauchen in dem Netflix-Actionfilm »6 Underground« auf. Der französisch-deutsch-kanadische Agententhriller »Mirage« wurde unter anderem im Aldar HQ gedreht, »Mission Impossible 7« nutzte den Louvre und die Wüste als Schauplätze, und »The Misfits« drehte im ehemaligen Jumeirah Hotel. Eine der erfolgreichsten Produktionen ist sicherlich »Star Wars – Das Erwachen der Macht«. Hier diente die Wüste Rub al-Chali als Sandplanet Jakku.

Die Filmkomödie »Sex in the City 2« spielt zwar in weiten Teilen in Abu Dhabi, man erhielt aber für den Dreh keine Genehmigung. Das Emirates Palace und der Souk mussten in Marokko nachgestellt werden.

Adresse Etihad Towers, Corniche W Street, Al Bateen, Aldar HQ, Al Raha Beach, Louvre, Saadiyat | **Anfahrt** Etihad Towers, Abfahrt von der Corniche W Street in die Unterführung, die direkt zu den Türmen führt, die Al Raha St führt direkt zum Aldar HQ, und die erste Ausfahrt nach der Sheikh-Khalifa-Brücke bringt einen zum Louvre. | **Öffnungszeiten** Auf den Websites überprüfen – meist sind die Gebäude nur von außen oder in der Lobby zu besichtigen. | **Tipp** Wer sich gerne Independentfilme anschauen möchte, kann dies in verschiedenen Pop-up-Kinos des Cinema Akil tun, zum Beispiel im Warehouse 421 oder im Manarat al Saadiyat. www.cinemaakil.com/programs

46 Der Finanzdistrikt

Wall Street am Arabischen Golf

Finanzgeschäfte in der arabischen Welt haben ihre eigenen Gesetze. So wie es dem Koran nach verboten ist, Geschäfte mit Schweinefleisch, Drogen oder Pornografie zu betreiben, so verstoßen auch Spekulation, Glücksspiel und der Zins gegen seine religiösen Regeln. Interessant übrigens, dass ja auch für Christen bis ins Mittelalter ein weitgehendes Zinsverbot galt, das sich erst im Laufe der Zeit gelockert hat.

Legt man also sein Vermögen auf eine Bank in den VAE, wird versucht, diese Richtlinien mit geschickten Winkelzügen einzuhalten. So verwahrt die Bank das Geld des Kunden, der es auch jederzeit zurücknehmen kann. Das Geldinstitut kann Geschenke oder kostenlose Dienstleistungen dafür anbieten, sie darf diese aber nicht zusagen, denn sonst würde das einem Zins entsprechen. Eine Kreditkarte ist nicht *halal*, stattdessen werden Debitkarten genutzt. Da diese auf Guthabenbasis funktionieren, also kein Schuldzins entsteht, stimmen sie mit den Gesetzen des islamischen Bankenwesens überein.

Heute existiert ein eigenes islamisches Banken- und Finanzsystem, das in der arabischen Welt weiter an Bedeutung gewinnt. Banken, die halal sind, gibt es seit einigen Jahren auch in Deutschland. Abu Dhabi hat sich zum Ziel gesetzt, ein bedeutendes internationales Finanzzentrum zu werden. Eigens dafür wurde 2013 Abu Dhabi Global Market, kurz ADGM, gegründet. Es befindet sich auf Maryah Island und reguliert heute unter anderem den Handel mit digitalen Vermögenswerten und gehört der Weltallianz der internationalen Finanzzentren an, die sich 2018 gebildet hat. Fünf Gebäude bilden den beeindruckenden Komplex, und es sollten exklusivste Büroflächen geschaffen werden. Eine toll angelegte Plaza verbindet alles miteinander. Wasserbecken, Pflanzen, die grüne Hügel bilden und dem Klima trotzen können, und Beete, die der Form von Beduinenteppichen nachempfunden wurden – nichts ist dem Zufall überlassen.

Adresse ADGM Square, Al Maryah Island, Abu Dhabi | **Anfahrt** Über die Hamdan bin Mohammed Street nach Al Maryah Island fahren, rechts in die Al Falah Street abbiegen und gleich eines der Parkhäuser auswählen. | **Öffnungszeiten** in den Arbeitszeiten Mo–Do 8.30–16.30, Fr 8.30–13 Uhr | **Tipp** Sehr gutes japanisches Essen, das allerdings auch seinen Preis hat, gibt es im Restaurant Zuma in der Galleria Mall. Eine Reservierung in dieser kulinarischen Institution, die ihren Hauptsitz in London hat, ist empfehlenswert!

47 Die Fitness-Insel

Bewegung heißt das Zauberwort

Auch in den VAE ist das Interesse an einer gesunden Lebensführung in den letzten Jahren stark gestiegen. Nicht zuletzt sorgen die sozialen Medien für ein erhöhtes Körperbewusstsein und einen bewussten Lebensstil. Fitnesscenter verzeichnen steigende Besucherzahlen – mit einem Bevölkerungsanteil von sechs Prozent sind sie aber noch deutlich niedriger als zum Beispiel in Deutschland – und rechnen auch weiterhin mit hoher Nachfrage.

Laut WHO sind in den VAE 70 Prozent der männlichen Bevölkerung über 15 übergewichtig, bei den Frauen sieht es mit 67 Prozent nicht wesentlich besser aus. Gerade auch bei Kindern ist das ein großes Problem und wird mittlerweile sehr ernst genommen. Der Wunsch nach Veränderung ist also groß. Dabei sollte man im Hinterkopf behalten, dass die Temperaturen während einer Hälfte des Jahres wirklich nicht zum Sport an der frischen Luft einladen – Wege, die wir im nördlichen Europa selbstverständlich schnell zu Fuß oder mit dem Rad erledigen, werden hier mit dem Auto gemacht.

Um den negativen Trend dennoch zu brechen, wird seit einigen Jahren alles darangesetzt, die Menschen sprichwörtlich in Bewegung zu setzen. Neben Fitness im Club wird auch in vielen Parks und öffentlichen Grünanlagen der Stadt darauf geachtet, Raum für Sport oder einladende Spaziergänge zu schaffen. Es gibt Skaterbahnen, Basketballcourts, Fußballfelder oder Tischtennisplatten – immer zur freien Benutzung und kostenlos.

Und dann sind da noch einfache kleine Fitness-Inseln, die unvermittelt nahe einer Straße oder in einem Park auftauchen. Meist steht hier Eigengewichtstraining im Fokus. Passanten und Anwohner sollen dadurch zum Turnen im Freien animiert werden. Auch Fitness by the Shore ist ein Fitnesscenter im Freien. Hier kann man seine Klimmzüge und Hantelübungen direkt am Meer machen und anschließend ins Wasser hüpfen. Bei so viel Anreiz muss nur noch die Trägheit besiegt werden.

Adresse Al Yahar Street, gegenüber der Al Hilal Bank, im Reem Central Park oder Al Mushraf Park. Fitness by the Shore F89J+8F8, Al Bateen, Abu Dhabi, Tel. +971/502879145, www.al-bahar.ae; GMGF+89C, Al Bahyah, Abu Dhabi | Anfahrt Von der Corniche auf die Sheikh Rashid bin Saeed Street, die Yahar Street liegt nach circa einem Kilometer auf der rechten Seite. Fitness by the Shore liegt gegenüber der Nation Towers direkt an der Corniche, dort gibt es auch Parkplätze. | Öffnungszeiten So–Do 5–23 Uhr, Fr, Sa 9–21 Uhr | Tipp In Al Bahia, nahe der E 10 in Richtung Dubai, wurde gerade das größte Fitnesscenter Abu Dhabis eröffnet. Im Mubadala Sports Centre steht vor allem Jiu-Jitsu-Training im Fokus.

48_Die Gewürze im Central Market

Der Duft der weiten Welt

Denkt man an einen Gewürzmarkt im Nahen Osten, entstehen gleich gewisse Bilder im Kopf. Man stellt sich verwinkelte Gassen im Halbdunkel vor, Säcke voller Gewürze und exotische Gerüche. So sieht es im relativ jungen Gewürz-Souk in der zentralen Markthalle heute nicht mehr aus. 2003 war der alte Markt bei einem Feuer ausgebrannt, nachdem sich dort seit Beginn der 1970er Jahre unzählige Händler angesiedelt hatten. 2007 begann man exakt am selben Ort mit dem Neubau. Das renommierte Londoner Architekturbüro Foster + Partners entwarf ein raffiniertes Gebäude, dessen Architektur stark durch traditionelle Formen geprägt ist. Das viele Holz sorgt für eine warme Atmosphäre, und durch die beweglichen Paneele fällt gesprenkeltes Sonnenlicht. Einige der angebotenen Waren hier hat es auch früher auf dem alten Souk sicherlich gegeben. Aber es ist heute doch eine gehobene Art des Einkaufens und hat mit dem Kauferlebnis auf einem Bazar nicht mehr viel gemein.

Der Reichtum hat auch das Angebot an Waren grundlegend verändert. Da gibt es duftenden Kreuzkümmel und Sumach, ein Gewürz, das aus den Beeren des Sumachstrauches hergestellt wird und einen scharfen und zitronigen Geschmack verströmt, oder Dukkah, dessen Ursprünge in Ägypten liegen und das unter anderem aus Sesam- und Koriandersamen sowie Haselnüssen besteht. Dann natürlich Za'atar, das mit Olivenöl vermischt wunderbar auf frischem Fladenbrot schmeckt, oder getrocknete Zitronen, die man hier zum Aromatisieren für Reis oder Hühnerfleisch nutzt. Halten Sie ruhig Ihre Nase über die in schönen Säcken üppig ausgestellten Waren. Kleine Rosenknospen verströmen einen köstlichen Duft, und ein Fläschchen Rosenwasser, das man hier gerne benutzt, um sich zu erfrischen, sollte unbedingt mit ins Gepäck. Der Souk ist auch heute ein reizvoller Ort, an den Bewohner und Touristen gerne kommen.

Adresse World Trade Center Abu Dhabi, Khalifa Bin Zayed The First Street, Abu Dhabi, info@wtcad.ae, Tel. +971/25082400 | **Anfahrt** Am besten über die Corniche über die Sheikh Rashid bin Saeed Street in die Khalifa bin Zayed The First Street abbiegen. Hier geht es gleich rechts ins Parkhaus hinunter. | **Öffnungszeiten** Mo–Fr 10–22 Uhr, Sa, So 10–24 Uhr | **Tipp** In Al Ain, circa 150 Kilometer von der Hauptstadt entfernt, gibt es den traditionellen Al Ain Souk. Neben vielen Gewürzen werden dort Datteln, Konfitüren, süßes Gebäck und vieles mehr angeboten.

49 Der Glampingplatz

Campen auf Arabisch

Nein, es ist kein Schreibfehler. Campingfreunde kennen den Trend höchstwahrscheinlich: Camping mit Glamour – eine andere Bezeichnung dafür wäre Luxuscamping. Das Wort tauchte das erste Mal 2005 in Großbritannien auf, aber mittlerweile wird weltweit »geglampt« und in Abu Dhabi erst recht! Findet man also die Idee einer Übernachtung draußen in der freien Natur überaus reizvoll, ist aber auf der anderen Seite nicht so wahnsinnig erpicht auf das Schlafen in einem schlichten Zelt, dann ist Glamping die perfekte Lösung.

Dabei ist die Nähe zur Natur, der wichtigste Pluspunkt des Campens, mit dabei. Eine ordentliche Portion Luxus wird hinzugefügt, und auf Komfort muss nicht verzichtet werden. Insbesondere eine Nacht in der Wüste bietet sich für solch ein Erlebnis an. Dann sind Kamelreiten, Sandboarding oder Dune-Bashing im Angebot dabei. Man kann sich aber auch für ein Lagerfeuer unter den leuchtenden Sternen entscheiden und der Stille lauschen.

Im Arabian Nights Village oder dem Jebel Hafeet Desert Park schläft man in behaglichen Beduinenzelten, ausgestattet mit Badezimmer und Klimaanlage. Dinner gibt es im Restaurant oder im Freien auf der Terrasse. Auf der Insel Hudayriyat, nicht weit vom Mangroven-Park und circa 15 Kilometer vom Zentrum von Abu Dhabi gelegen, befindet sich die Ferienanlage Bab Al Nojoum. Hier können die Gäste unter anderem zwischen Safarizelt, Chalet-Zelt – den eigenen kleinen Pool jeweils inklusive – oder dem Übernachten in einem nostalgischen Bulli auswählen. Fahren können diese hübschen Busse allerdings nicht mehr; die Räder dienen nur zur Zierde. Im Inneren gibt es eine Sitzgruppe, ein Bett und eine kleine Küche mit Kaffeemaschine und Mikrowelle. Die eigene Campingausrüstung kann also getrost zu Hause gelassen werden. Nur eine Kreditkarte sollte man stets dabeihaben – aber die ist in den VAE sowieso unerlässlich.

Adresse Arabian Nights Village, Arabian Nights Village Road, Mshayrif, Bab Al Nojoum, Hudayriyat Mar Vista – Al Hudayriyat Island, babalnojoum.com | Anfahrt Die Stadt über E 30 verlassen, nach gut 40 Kilometern auf die E 40 in Richtung Arabian Nights Village, Al Bojoum auf Hudayriyat erreicht man über die Shakhbout Bin Sultan Street | Öffnungszeiten rund um die Uhr geöffnet | Tipp Die Wassersportschule Water Sports Bab Al Nojoum ist im gleichnamigen Glampingplatz untergebracht und bietet Kitesurf-Kurse und andere Wassersportarten an. www.kitebeach.business.site

50 Der Gold Souk

Hochkarätiger Markt

Seit jeher fasziniert es den Menschen – schon die Pharaonen schätzten das kostbare Edelmetall, und auch in der christlichen Kirche genoss es hohen Stellenwert. Über Jahrhunderte zog es Abenteurer an und animierte zu Beutezügen. Es besticht durch seine Farbe und seinen Glanz und ist praktisch unvergänglich. Als Werkstoff ist es weich und somit leicht formbar, lässt sich zu Schmuck, Blattgold oder zu Goldbarren verarbeiten.

Die Emirate sind aufgrund ihrer geografischen Lage seit Jahrhunderten im Goldgeschäft; inzwischen ist es nach dem Öl zweitwichtigstes Exportgut. Scheideanstalten haben sich etabliert, es gibt Schmuckmanufakturen, Händler und Juweliere. Nun wird deutlich, warum sich ein Besuch des Marktes lohnt: Goldkauf ist hier so günstig wie nirgendwo anders auf der Welt!

Der Gold Souk ist in einer Mall in der Innenstadt untergebracht. An die 70 Juweliere warten hier auf ihre Kunden. Die meisten sind auf Schmuck spezialisiert, es werden aber auch Münzen und kleinere Barren an- und verkauft. Die Auswahl ist riesig, das Angebot vielfältig, da schließlich verschiedenste kulturelle Vorlieben bedient werden wollen. Vor dem Besuch sollte man sich aber unbedingt nach dem aktuellen Goldkurs erkundigen, denn Schmuck wird hier nach Gewicht und Tagespreis verkauft. Verhandelbar ist nur der Anteil, der für die Herstellung angefallen ist. Kenntnisse über den Reinheitsgrad sind ebenfalls von Vorteil. Der reinste Grad sind 24 Karat. Da dieses Feingold für Schmuck aber zu weich ist, werden andere Metalle wie Silber oder Kupfer beigemischt; die Karatzahl sinkt dann entsprechend.

Angst, über den Tisch gezogen zu werden, muss man nicht haben. Der Markt unterliegt strengen Auflagen. So muss auf Verlangen beim Kauf ein Echtheitszertifikat vorgelegt werden. Achtung ist eher bei der Mitnahme ins Heimatland geboten. Hier sollte man die Einfuhrbestimmungen kennen.

Adresse Madinat Shopping Centre, Sultan Bin Zayed The First Street | Anfahrt Von der Corniche kommend auf die Sultan bin Zayed The First Street abbiegen. Das Shoppingcenter liegt auf der rechten Seite, Parkplätze sind vorhanden. | Öffnungszeiten täglich von 9–23 Uhr | Tipp Im Hamdan Centre ganz in der Nähe und der umliegenden Umgebung gibt es weitere Juweliere und Schmuckstände.

51 Der Golfplatz

Putten auf Wüstensand

Muss man wirklich Golf in einer Region spielen, die zu den trockensten der Erde zählt? Der Wasserbedarf, um die Rasenflächen schön grün zu halten, muss doch immens sein. Es gibt aber eine Alternative, und die heißt Golfen auf dem Sandplatz. Plätze dieser Art gibt es im Outback Australiens, in Kolumbien oder selbst in Ladakh unterhalb des Himalayas. In den VAE sind heute noch zwei dieser Art übrig – man spricht schon vom »vergessenen Golf«.

Aber mit dem Spiel auf einem Sandplatz hat dieser Sport in den Emiraten begonnen, und der Al Ghazal Golf Club in Abu Dhabi hält weiterhin tapfer die Stellung. Er eröffnete 1997 und wurde 2018 einer umfangreichen Überholung unterzogen. In den Jahren 2004 und 2005 war er Gastgeber für die allerersten Sandgolf-Weltmeisterschaften. Auch zahlreiche internationale Spieler kamen damals angereist, weil sie sich ein solch besonderes Turnier nicht entgehen lassen wollten. Es heißt, es gebe keinen Golfer, der sich nicht von der glatten Oberfläche und dem gleichmäßigen Tempo beeindruckt zeige, das auf einer Sandschicht entsteht.

Ein Golfplatz dieser Art benötigt nicht die unzähligen Liter Wasser für die regelmäßige Rasenpflege. Seine Grüns sind sandfarben und werden deshalb Browns genannt. Unter der ebenmäßigen Sandschicht befindet sich eine Membran. Diese verhindert, dass das Öl, das alljährlich vor der Saison neu aufgetragen wird, im Boden versickert. Die Ölschicht ist nötig, um vor Erosion und unerwünschtem Pflanzenwuchs zu schützen. Anschließend wird wieder Sand darüber gestreut.

Während des Spiels trägt jeder ein kleines Stückchen Kunstrasen mit sich herum, von dem aus der Ball geschlagen wird. Anschließend muss auf den Browns ein Besen benutzt werden, um Fußspuren zu entfernen. Und übrigens: Das Spielen auf Sand ist nicht nur umweltfreundlicher, es ist auch erheblich günstiger. Der Al Ghazal Golfclub jedenfalls lädt herzlich ein!

Adresse Al Ghazal Golf Club, Terminal 2, Airport area, www.alghazalgolfclub.ae | **Anfahrt** Über die E 20 in Richtung Flughafen fahren, der Golfplatz liegt hinter dem Flughafen auf der linken Seite. | **Öffnungszeiten** täglich 7 – 24 Uhr | **Tipp** Ein weiterer noch verbliebener Sandplatz, der Al Ain Equestrian, Shooting & Golf Club, befindet sich im circa 160 Kilometer entfernten Al Ain, www.aesgc.com.

52 Das Hamdan Centre

Aufbruch in die Zukunft

Das Shoppingcenter liegt in einer der alten Nachbarschaften Abu Dhabis. Die Hamdan Street verläuft über vier Kilometer parallel zur Corniche und gilt als geschäftige Gegend. Benannt ist sie nach Sheikh Hamdan bin Mohammed, dem 1982 geborenen Kronprinzen Dubais.

Es fällt auf, dass hier auf einem langen Abschnitt alle Gebäude dieselbe Höhe haben. Außerdem befindet sich Abu Dhabis älteste Shoppingmall auf dieser Straße. Als das Hamdan Centre 1982 das erste Mal seine Türen öffnete, war es nicht einfach nur ein interessantes Einkaufszentrum; es symbolisierte eine Vision für Abu Dhabis Zukunft. Am Abend glitzerten die großen Laternen über dem Eingang wie Edelsteine, und alles wirkte modern und glamourös. Das Hamdan Centre war die erste wirkliche Alternative zu den traditionellen Souks – auch die Kombination von Einkaufen, Leben und Arbeiten war damals als Konzept neuartig. Scharen von Einheimischen und Touristen kamen, um hier zu bummeln und einzukaufen.

Von den prächtigen Lampen ist heute nichts mehr zu sehen. Das Center hat seinen Glamour im Laufe der Zeit eingebüßt. Aber für viele hängt hier Nostalgie in der Luft, ist die alte Mall doch ein Ruhepol in schnelllebigen Zeiten und in der rasanten Veränderung ihrer Stadt. Viele alte Kunden zieht es immer wieder her. Sie kennen die Geschäfte und oft auch ihre Inhaber bereits über Jahre. Das Angebot reicht von Sportswear und Mode über Elektronik bis hin zu Lederwaren und Geschenkartikeln. Eine ganze Reihe von Juwelieren mit reich dekorierten Schaufenstern gibt es außerdem. Pakistanische und indische Expats kommen, um sich hier Schmuck entwerfen zu lassen, den sie anschließend mit in ihre Heimat nehmen.

Auch wenn das Hamdan Centre heute eher einem Aschenputtel gleicht und nicht viel Ähnlichkeit mit seiner modernen Konkurrenz, den gigantischen Shoppingmalls, hat, ist es eben doch beliebt und gehört für Alteingesessene ins Stadtbild.

Adresse Hamdan Bin Mohammed Street, Abu Dhabi, Tel. +971/26328555 | **Anfahrt** Über die Sultan Bin Zayed The First Street. Parkmöglichkeit zum Beispiel im Car Park oder an der Corniche parken und zu Fuß gehen. | **Öffnungszeiten** täglich 9–24 Uhr | **Tipp** Für Shopping-Nostalgiker gibt es ein paar Querstraßen weiter das Hamed Centre; eine Mall, die ebenfalls aus den 1980er Jahren stammt und architektonisch interessant ist.

53 Die Happiness Patrol

Belohnung statt Strafe

Im Rückspiegel erscheint Blaulicht, ein Polizeiwagen fordert dazu auf, rechts heranzufahren. Das verheißt in aller Regel nichts Gutes. Was man wohl falsch gemacht hat? Es dauert ein wenig, bis der Führerschein herausgekramt ist. Der Polizist inspiziert den Innenraum des Fahrzeugs, in dem hoffentlich alle angeschnallt sind und den Atem anhalten – dann lächelt er zufrieden.

Während auf der ganzen Welt Bußgelder verhängt werden, wenn man gegen Verkehrsregeln verstößt, wird in Abu Dhabi gutes Fahren belohnt. Der Polizist überreicht ein Happiness-Zertifikat mit dem Namen des Fahrers, einen Smiley-Aufkleber für die Autoscheibe und einen Gutschein für die hiesige Telefongesellschaft. Dann brausen die Ordnungshüter weiter, um den nächsten Fahrer für vorbildliches Fahrverhalten auszuzeichnen. Aber auch, um gelbe Karten als Warnung zu verteilen.

Die Happiness Patrol ist ein weltweit einzigartiges Konzept. Der Ansatz beruht auf der Annahme, dass Belohnungen effektiver sind als Strafen. Die Belohn-Polizei ist Teil des Programms, das die Regierung Anfang 2016 ins Leben gerufen hat. Seitdem gibt es ein Ministerium für Glück und Wohlbefinden, dem eine Frau vorsteht. Ähnliches gibt es wohl nur in Bhutan, das ja für sein glückliches Volk bekannt ist. Natürlich geht es hierbei nicht um das Glück des Einzelnen, sondern darum, das persönliche Glück in die Gemeinschaft einzupassen und damit nachhaltiges Wohlbefinden zu schaffen.

Durch ein Video des emiratischen Youtubers Khalid Al Ameri hat die Happiness Patrol Bekanntheit erlangt. Selbstverständlich gibt es aber auch drakonische Strafen für Fehlverhalten. Der Bußgeldkatalog wird regelmäßig angehoben. So wird beim Überfahren einer roten Ampel das Fahrzeug eingezogen und kann für 50.000 AED wieder freigekauft werden. Auch Fahren unter Einfluss von Alkohol ist kein Kavaliersdelikt und landet fast immer vor Gericht.

Adresse Die Happiness Patrol ist an ihrem orangen Fahrzeug zu erkennen. | Tipp Auch Fußgänger und Passagiere in öffentlichen Verkehrsmitteln können für gutes Verhalten belohnt oder für Vergehen bestraft werden.

54 Der Heritage Garden

Heilkraft aus der Wüste

Der Heritage Garden bildet zusammen mit dem Sanctuary Garden, dem Walk Way und der Constellation das Founder's Memorial. Die meisten Besucher kommen hierher, um das Konterfei Scheich Zayids, des Gründervaters der Vereinigten Emirate, zu betrachten, das hier mit Kabeln und geometrischen Körpern ungewöhnlich und gekonnt in Szene gesetzt wurde. Nur wenige interessieren sich für die Pflanzen, die hier wachsen, die aber ebenfalls der Ehrerbietung des einstigen Emirs dienen sollen. Dabei handelt es sich um ganz erstaunliche Wüstenpflanzen, um deren Heilwirkung die Beduinen schon seit Jahrhunderten wissen. Auf einer Infotafel kann man sich hier einen Überblick verschaffen.

Da gibt es zum Beispiel *Aerva javanica*, die nicht nur zum Polstern von Kissen und Sätteln verwendet wurde, sondern auch zum Heilen von Wunden und der Linderung von Schmerzen. Henna, ein Farbstoff, der aus dem Henna- oder Mignonette-Baum gewonnen wird und eher bekannt aus der Kosmetik ist, hat antibakterielle Eigenschaften. Ebenfalls hier gepflanzt ist der Zahnbürstenbaum, der *Salvadora persica*, dessen Zweige vor allem zur Zahnreinigung dienen. Aber seine Blätter werden auch verwendet, um Skorpionbisse und Blasen zu mildern. *Alkali Weed*, oder Cressa, soll bei Husten und Magenbeschwerden helfen. Die Samen der *Rhazya stricta* kühlen die Haut und werden bei Magenproblemen verabreicht.

Außer diesen Heilpflanzen finden sich im ganzen Areal Bäume, die in den Emiraten heimisch sind. Alle sind mit Tafeln versehen, auf denen Wissenswertes nachzulesen ist. Die Dattelpalme gehört ebenso dazu wie die süße Akazie namens Fitneh, deren Rinde, Blätter und Wurzel Heilwirkung haben. Der Sidarbaum findet schon im Koran Erwähnung und ist vor allem wegen seines Honigs beliebt. Und natürlich darf der Nationalbaum der Emirate nicht fehlen: Der Ghaf-Baum bietet in der Wüste Schutz, und seine Blätter können zu einem schmackhaften Reisgericht verkocht werden.

Adresse Corniche zwischen 1st und 2nd Street | **Anfahrt** Der Corniche immer weiter folgen, in Richtung Marina Mall/Breakwater abbiegen. Dann einen U-Turn machen und vor dem Memorial parken. | **Öffnungszeiten** täglich 9–22 Uhr, der Eintritt ist frei | **Tipp** Ein 360-Grad-Rundgang um das Denkmal herum über eine erhöhte Promenade wird mit spektakulären Aussichten belohnt.

55_Die Kaffeekanne

Monument arabischer Lebensweise

Kaffee ist Essenz der arabischen Kultur. Den Gast mit einem Tässchen des frisch aufgebrühten Wachmachers zu begrüßen, gilt als Herzstück der Gastfreundschaft. So wie man einst in der Wüste den Fremden damit im Beduinenzelt willkommen hieß, gehört Kaffee heute zum kurzweiligen Treff mit Freunden oder dem ausführlichen Beratungsgespräch im Geschäft. Die traditionelle Kaffeekanne nennt sich Dallah, ihr Henkel ist verhältnismäßig groß, und sie verfügt über einen langen gebogenen Ausgießschnabel. Seit Jahrhunderten dient sie zum Brauen und Servieren des braunen Lebenselixiers, das meist mit verschiedenen Gewürzen aromatisiert wird. Dazu gibt es Datteln. Der Teilnehmer des Kränzchens, dem am meisten Ehrerbietung entgegengebracht wird, bekommt das erste Tässchen gereicht.

Wen wundert es also, dass überdimensionierte Kaffeekannen in den Emiraten häufig als Monumente die öffentlichen Plätze schmücken. Den Al Ittihad Square, oder Union Square, zieren neben einer solchen Dallah weitere wichtige Gebrauchsgegenstände des alltäglichen Lebens am Golf. Da ist zum Beispiel ein Mabkhara, ein traditionelles Räuchergefäß, zu sehen, in dem üblicherweise wohlriechende Essenzen verbrannt werden. Die Makkabah ist ein konisch geformtes Gebilde, das gewöhnlich aus Palmwedeln hergestellt wird, um Speisen abzudecken. Außerdem gibt es noch ein sogenanntes Gülabdan; ein Gefäß, das normalerweise Rosenwasser enthält, von dem man nach dem Mahl wenige Tropfen zwischen den Händen verreibt. Die relativ simpel gestalteten Monumente stehen weitläufig verteilt und sind wegen ihrer Größe nicht zu übersehen, am Abend werden sie beleuchtet. Im nahe gelegenen Capital Park bilden zwei weitere riesige Kaffeekannen das Eingangstor. Dieses wird vor allen Dingen am Ende des Tages ständig durchschritten. Dann kommen Eltern mit ihren Kindern hierher, die sich im Park beim Radfahren, Spazierengehen oder Schaukeln von der Hitze erholen.

Adresse Etihad Square, an der Sheikh Rashid bin Saeed Street gegenüber des WTC; Capital Park, Khalifa Bin Zayed The First Street, Ecke Sultan Bin Zayed The First Street. | **Anfahrt** Für den Etihad Square am besten das Parkhaus vom World Trade Center nutzen, Capital Park über die Delma St, dann Tilbas St anfahren, hier gibt es viele Parkmöglichkeiten. | **Öffnungszeiten** Den Etihad-Platz kann man rund um die Uhr betreten, der Capital Park ist täglich 8–23 Uhr geöffnet | **Tipp** Gegenüber des Etihad Square liegt im WTC der Sneaker District. Dabei handelt es sich um DIE Adresse für angesagte Turnschuhe in allen Preislagen – mit eigenem Basketballplatz inklusive.

56_Die Kinderbücherei

Spielerisch lernen

Früh haben die Emirati erkannt, wie wichtig die Bildung ihrer Kinder ist. Scheich Zayid, der erste Präsident der VAE, war ein weitsichtiger Mann, der in die Infrastruktur seiner Heimat investierte. Seiner Ansicht nach lag der größte Nutzen, den Reichtum erlangen konnte, darin, in neue Generationen von gebildeten Menschen zu investieren. Das Niveau des Bildungssystems gilt als hoch, die Schulen sind für alle Staatsangehörigen kostenlos.

Den Kindergarten besuchen Mädchen und Jungen noch gemeinsam, ab der ersten Klasse ist der Unterricht dann getrennt. Die Klassen sind meist klein, und eine Schulpflicht besteht bis zur neunten Schulklasse. Weil in den staatlichen Schulen auf Arabisch unterrichtet wird, gehen die Kinder der vielen – zumindest der gut verdienenden – Expats fast immer auf eine Privatschule. Besuchen Kinder von Gastarbeitern eine staatliche Schule, müssen sie dort Schulgeld bezahlen.

Dass viel in die Zukunft der Kleinen investiert wird, zeigt auch die Kinderbücherei. Auf drei Stockwerken und 5.250 Quadratmetern Fläche sollen hier Mädchen und Jungen in die Welt der Bücher eingeführt werden. Ein wenig fühlt man sich, als würde man ein lebensgroßes Pop-up-Buch betreten. Auf weichen künstlichen Sanddünen können die Kleinen sich niederlassen und lesen, in einer Oase liegen in einem nachgebauten Faladsch ausgestellte Bücher, so als würden sie den künstlichen Kanal entlangfließen.

Es gibt eine große Auswahl an Romanen, Sachbüchern, Autobiografien und Hörbüchern. Die Kinder sollen miteinander kommunizieren und spielen, aber auch Ruhezonen wurden geschaffen, in die sie sich zum konzentrierten Lesen zurückziehen können. Es werden Kunst-Workshops angeboten, man kann in einer Art kleinem Filmstudio seinen eigenen Podcast herstellen oder kleine Filme drehen. Alles in allem also ein riesiger Tummelplatz, der Kinder inspirieren und unterhalten soll.

Adresse Children's Library, Sheikh Rashid Bin Saeed Al Maktoum Street, Al Hosn, Abu Dhabi | Anfahrt Von der Corniche in die Sheikh Rashid bin Saeed Mubarak einbiegen, rechts halten und in die Tiefgarage unter dem Qasr Al Hosn einbiegen. Die Cultural Foundation befindet sich direkt am Treppenaufgang. | Öffnungszeiten So–Do 10–19 Uhr, Fr 14–19 Uhr, Sa 12–19 Uhr, Mi, Do geschlossen | Tipp Der kleine Laden neben dem veganen Café Wild & The Moon hat ausgesuchte Geschenkartikel für Jung und Alt. Unter anderem gibt es hier Gegenstände der Little Majlis Gift Company, die witzige Souvenirs in den Emiraten fertigt.

57 Das Kirchenviertel

Religiöse Vielfalt auf engem Raum

Staatsreligion der Vereinigten Arabischen Emirate ist der Islam, so ist es in der Verfassung verankert. Gleichzeitig wird hier Religionsfreiheit garantiert, solange diese nicht mit der öffentlichen Ordnung in Konflikt gerät. 76 Prozent der Bevölkerung in den VAE sind muslimischen Glaubens. Zweitstärkste Religion ist das Christentum, gefolgt von Hinduismus und Buddhismus. Manche Religionen, die in anderen Ländern unterdrückt oder gar verfolgt werden, werden hier toleriert. So trifft man auf Bahai, Sikhs, Drusen oder Parsen.

Seit über 50 Jahren ist die christliche Kirche, vor allem durch die Anglikaner, in den Emiraten vertreten. War die St. Andrew's Church zunächst an der Corniche ansässig, wurde sie 1984 in Al Mushrif auf Land, das Abu Dhabi zur Verfügung stellte, neu errichtet. Seitdem empfängt das äußerlich unspektakuläre Gotteshaus neben Anglikanern 60 weitere Glaubensgemeinschaften zu regelmäßigen Gottesdiensten. Da kann es an Festtagen schon mal hoch hergehen!

In unmittelbarer Nähe befindet sich die St Joseph's Cathedral. Hier werden Messen in den verschiedensten Sprachen zelebriert. 2019 besuchte Papst Franziskus die Kathedrale – das erste Mal, dass ein Oberhaupt der katholischen Kirche den Boden der Arabischen Halbinsel betrat.

Weitere Kirchen haben sich im Viertel angesiedelt, so die koptisch-orthodoxe Gemeinde St. Antony oder die indisch-orthodoxe Kirche St. George. Um die Verbundenheit zwischen den Menschen unterschiedlicher Religionen zu betonen, wurde eine Moschee hier 2017 sogar auf den Namen »Maria, Mutter Jesu« umgetauft. Den Gedanken der gemeinsamen Herkunft von Islam sowie Christen- und Judentum greift auch ein Großprojekt auf, das gerade auf Saadiyat Island entsteht und 2022 eröffnen soll. Ins Auge fallen die bunten Zebrastreifen, die von der Parkseite kommend zu den Kirchen führen – vielleicht bilden auch sie ein Symbol für die Vielfalt hier?

Adresse 22 Al Barq Street, Al Mushrif, Tel. +971/24461631, E-Mail: administrator@standrewauh.org | **Anfahrt** Über die Abu Dhabi-Al Ain Road (=Sheikh Rashid bin Saeed St) stadtauswärts fahren, Ausfahrt über die Tasamuh Street, einen U-Turn machen und rechts abbiegen in die Al Barq Street. | **Öffnungszeiten** In der St. Andrew's Church gibt es jeden Sonntag Messen um 10 Uhr und um 18 Uhr | **Tipp** Im Cultural District auf Saadiyat Island entsteht seit 2021 das Friedensprojekt Abrahamic Family House. Dort werden Moschee, Kirche und Synagoge gleichberechtigt Seite an Seite stehen, um die gemeinsame Herkunft und Zusammengehörigkeit dieser drei Religionen zum Ausdruck zu bringen.

58 Die Kragentrappe

Rettung eines Wüstenvogels

Jedes Jahr im Herbst fliegt die Kragentrappe ins wärmere Pakistan oder auf die Arabische Halbinsel, um dort zu überwintern. Zu Beginn des Frühlings kehren die Vögel zurück nach China, Kasachstan oder in die Mongolei, wo sie ihre Brutgebiete aufsuchen. Das Gefieder der Kragentrappe ist sandfarben marmoriert – welch passende Farbe für einen Wüstenvogel! Sie erreicht ein Gewicht von bis zu drei Kilogramm und kann bei Gefahr einen grünen Schleim verspritzen, um ihren Jäger damit kurz zu blenden. Das Männchen hat schwarz-weiße Schmuckfedern, die es während der Balz aufstellt. Im Allgemeinen leben die Tiere als Einzelgänger. Die Asiatische Kragentrappe mit Falken zu jagen, gilt als beduinische Tradition.

Aus diesem Grund machten sich alljährlich im Herbst, wenn die Kragentrappe zum Überwintern ins mildere Pakistan zieht, arabische Prinzen aus den Golfstaaten auf die Jagd nach dem Vogel. Obwohl diese in Pakistan offiziell verboten ist, soll dort 2014 ein Jäger von ihnen annähernd 2.000 Kragentrappen getötet haben, was für reichlich Tumult sorgte. Das arme Land scheint den vermögenden Ölscheichs jedoch Sondergenehmigungen einzuräumen, weil es finanziell davon profitiert.

Früher waren die Vögel auch auf der Arabischen Halbinsel zu finden, doch mit dem Reichtum stieg die Zahl der Jäger, deren Ausrüstung mit der Zeit immer professioneller wurde, was für eine starke Dezimierung sorgte. Besonders imposante Vögel sind es nicht. Aber die VAE haben erkannt, dass Biodiversität eben gerade in eher lebensfeindlicher Umgebung erhaltenswert ist. Seit Jahren schon finanziert Abu Dhabi ausgiebig die Forschung dieses Wüstenvogels. Scheich Khalifa bin Zayid al Nahyan gründete deshalb die internationale Stiftung zur Bewahrung der Kragentrappe, die außerdem eine ganze Reihe von Zuchtstationen betreibt. Mittlerweile wurden dort mehr als 600.000 Vögel gezüchtet und unzählige in die freie Wildbahn entlassen.

Adresse National Avian Research Centre – Sweihan, Sheikh Khalifa Houbara Breeding Centre, Abu Dhabi, Saih Al Salam | Tipp Die Stiftung selbst kann nicht besichtigt werden. Aber der neu gestaltete Kreisverkehr, der sich an der Kreuzung Mohammed bin Khalifa und Khalifa bin Shakhbout befindet, wurde kürzlich dem Wüstenvogel gewidmet. Am nächsten Kreisverkehr Sheikha Fatima bint Mubarak/Khalifa bin Shakhbout kann man die Skulptur eines weiteren symbolträchtigen Tieres bewundern: die Oryxantilope.

59 Der Kreisverkehr am Präsidentenpalast

Eine herrschaftliche Ehrenrunde

Kreisverkehre sind in den Emiraten ein nicht wegzudenkender Bestandteil des Verkehrslebens. Stattliche 460 gibt es allein im Stadtbezirk Abu Dhabi, die meisten sind mehrspurig. Eine Studie an zwölf Kreisverkehren der Stadt hat allerdings ergeben, dass gerade einmal 4,1 Prozent der circa 420.000 Autofahrer wissen, wie man einen Kreisverkehr den Verkehrsregeln nach korrekt befährt. Bei Verkehrsteilnehmern aus über 200 Nationen ist so manches eben Interpretationssache. Einige besonders stark befahrene Kreisverkehre sind deshalb zusätzlich mit einer Ampel ausgerüstet, damit es vor allem zu Stoßzeiten wie der morgendlichen Rushhour nicht zu Unfällen kommt. Die Studie hat weiterhin ergeben, dass Kreisverkehre oft mit zu hoher Geschwindigkeit befahren werden. Dafür hätte es keiner Studie bedurft, man kann es jeden Tag erleben …

Die Rondelle sind zugegebenermaßen praktisch: das lange Warten an roten Ampeln entfällt, ein U-Turn ist möglich, und man kann sich sogar Bedenkzeit verschaffen und erneut eine Runde drehen, bis die richtige Ausfahrt gefunden ist. Außerdem lassen sich die Inseln in der Mitte richtig schön dekorieren. Das nutzt das Emirat und pflanzt fleißig Blumen und Pflanzen, dekorative Brunnen wechseln sich mit traditionellen Gegenständen wie Kaffeekannen ab. Auch die heimische Flora und Fauna werden gerne abgebildet.

Der prächtigste Kreisverkehr aber ist der, der die Einfahrten von und zum Präsidentenpalast, dem Qasr Al-Watan, regelt. Der Straßenbelag ist edler als auf den Zufahrtsstraßen, die Ausmaße sind riesig. Im Zentrum steht ein Falke – das Wappen der Vereinigten Arabischen Emirate. Springbrunnen und Blumen sowie verschiedenfarbige Steine runden den Platz ab. Am Abend wird alles in den Nationalfarben Rot, Grün, Weiß und Schwarz erleuchtet. Hier lohnt es sich, eine Extrarunde zu drehen – auch wenn man die richtige Ausfahrt kennt.

Adresse Al Ras Al Akhdar | **Anfahrt** Der Corniche bis zu ihrem Ende folgen. Der Kreisverkehr nahe des Qasr Al-Watan liegt hinter dem Emirates Palace Hotel. | **Tipp** Die Fähre, die die Besucher nach Maya Island Resort bringt, fährt gleich hinter dem Kreisverkehr ab. Maya Island ist ein herrliches Beach-Resort südlich von Abu Dhabi und in circa 20 Minuten Bootsfahrt erreichbar.

60 Der Lichterregen

Die Poesie des Lichts

Die Atmosphäre hier ist reine Magie. Nach Tausenden von Jahren Kunstgeschichte entlassen die mehr als 20 Galerien des Louvre Abu Dhabi den Besucher, der sich unter einer silbernen Kuppel wiederfindet und die mit 180 Metern Durchmesser das ganze Museumsareal überdeckt. Die besondere Art von Kunst, die sich hier erleben lässt, könnte man als spirituelle Ebene des grandiosen Baus bezeichnen. Jeder Lichtstrahl durchdringt ein Netz aus insgesamt acht Stahl- und Aluminiumträgern. 7.850 Durchlässe gibt es in der Dachkonstruktion, die zusammen einen Regen von Lichtbündeln entstehen lassen. Inspiration für Jean Nouvel, der beim Institut du monde arabe in Paris mit ähnlichen Lichtelementen spielte, waren die in einer Oase durch Palmblätter erzeugten Schatten- und Lichtspiele. Diese werden zusätzlich von den mit Meerwasser gefluteten Wasserbecken reflektiert.

Das Thema der Lichtreflexion greift auch der lebensgroße Bronze-Baum »Leaves of Light« von Giuseppe Penone auf, der eigens für den Bau entworfen wurde. Hier werden die Sonnenstrahlen durch Spiegel an den Ästen auf Wände und Böden projiziert. Die Skulptur befindet sich im Außenraum unter der Kuppel und ist Teil des dreiteiligen Werks »Germination«. Die zwei ergänzenden Arbeiten befinden sich an den gegenüberliegenden Wänden.

Nachts strahlt das Licht in umgekehrter Richtung von innen nach außen und erzeugt den Eindruck unzähliger Sterne. Das Gewölbe wurde von einem österreichischen Unternehmen angefertigt, das auch die Kuppel des Reichstags errichtete. 85 vorgefertigte Teile setzte man vor Ort zusammen. Das 7.000 Tonnen wiegende Schwergewicht wird von nur vier jeweils 110 Meter voneinander entfernt stehenden Säulen getragen. Weil diese in die Galerien gebaut wurden, sind sie für den Betrachter nicht sichtbar, und es scheint, als würde die Kuppel frei schweben. Den Namen Louvre darf das Museum für insgesamt 30 Jahre lang tragen.

Adresse Louvre Abu Dhabi, Cultural District Saadiyat Island | Anfahrt Von der E 12 die Ausfahrt Saadiyat Island und Yas Island nehmen. Von dort aus in Richtung Cultural District und den Schildern zum Louvre folgen. | Öffnungszeiten Di–So 10–18.30 Uhr, Mo geschlossen | Tipp Le Fouquet, das Feinschmeckerrestaurant aus Paris, ist im hinteren Teil des Louvre untergebracht. Am Eingang gibt es silberne Serviettenringe berühmter Gäste zu bewundern.

61_Der Liwa Tower

Headquarter mit Wiedererkennungsfaktor

Das imposante Gebäude schmückt das Capital Centre seit 2014 und erhielt seinen Namen von der Liwa Oase, einem Oasengürtel, der sich circa 150 Kilometer von der Hauptstadt entfernt erstreckt. Die Fassade des Wolkenkratzers schmücken unzählige, nach Maß angefertigte Fenster in zwei verschiedenen Größen, die aus der Ferne betrachtet ein wenig an aus der Form geratene Waben erinnern. Nach oben hin verjüngt sich der Turm und erhält dadurch eine beschwingte Eleganz, seine Form wirkt dadurch fast skulptural. Der orange Farbton soll auf die Wüste verweisen und setzt das Gebäude in einen markanten Kontrast zu seinen Nachbarn. Wie bei etlichen anderen Konstruktionen in dieser Region, so bemühte man sich auch beim Liwa Tower darum, Lichteinfall, Sonnenschutz und Energieverbrauch zu optimieren.

In Auftrag gegeben wurde das Gebäude für das Investmentunternehmen Al Nasser Holdings. Für den Entwurf verantwortlich ist das holländische Innovationsstudio ONL, das aus dem Architekten Kas Oosterhuis und der Künstlerin Ilona Lénárd besteht. Ersterer gilt in den Niederlanden als Pionier der Computerarchitektur – so gibt es bei ihm weder klassische Grundrisse noch Fassadenentwürfe. Stattdessen entsteht jeweils ein zusammenhängendes Gebäudemodell, das sich insgesamt verändert, wenn ein einziges Detail modifiziert werden muss. Die Entwürfe des Studios sind auch bekannt für ihre organisch anmutenden Formen, die ebenfalls mit einem Computerprogramm entstehen. Die berechneten Daten können dann direkt an eine Produktionsmaschine weitergeleitet werden.

Aufgabe für das Headquarter der Al Nasser Holdings war, eine Unternehmenszentrale mit hohem Wiedererkennungscharakter zu errichten. Das ist dem Team zweifelsohne gelungen. In der Dunkelheit schimmern die Fenster des Liwa Towers bläulich. Zu besonderen Anlässen wie dem Nationalfeiertag des Emirats erstrahlt das Gebäude in den Farben der Nationalflagge.

Adresse Al Muntada Street, Al Rawdah Capital Centre, Abu Dhabi | **Anfahrt** Von der Corniche auf die Al Khaleej Al Arabi Street abbiegen bis zur Ausfahrt nach Tunb Al Kubra Street, an der ersten Ampel einen U-Turn machen, dann rechts in die Muntada Street. Das Gebäude liegt auf der rechten Seite. | **Tipp** Falls Sie auch in Abu Dhabi nicht auf Kaffee von Starbucks verzichten können: Gleich um die Ecke im International Tower in der Al Karamah Street befindet sich ein Ableger der Kette. Und nicht weit von hier ist die Botschaft der USA in einem umweltfreundlichen Gebäude untergebracht, das an eine Pyramide erinnert.

62 Der LuLu Market

Besuch in Abu Dhabis Bauch

Es ist wohl den unzähligen Menschen mit ausländischen Wurzeln in Abu Dhabi zu verdanken, dass das Warenangebot an Speisen und Lebensmitteln hier schier endlos erscheint. Nicht zu übersehen ist der Einfluss aus aller Welt auf einem Besuch in einem der schönen, großen Supermärkte. Apropos fremde Wurzeln: Der Unternehmenssitz der LuLu Group International befindet sich zwar in Abu Dhabi, der Gründer selbst aber stammt ursprünglich aus Indien. Mit 212 Filialen und mehr als 57.000 Angestellten ist die LuLu Group International heute die größte Supermarktkette im Nahen Osten. Vielfalt wird hier also großgeschrieben. Der größte Lulu Hypermarket befindet sich in der Capital Mall. Auf insgesamt 20.000 Quadratmetern gibt es hier fast alles, was das Herz begehrt, wobei die angebotenen Lebensmittel oft von weit her stammen. Eine sehr schöne Filiale ist auch im Central Market zu finden.

Der Besuch eines Supermarktes im Ausland ist immer ein Erlebnis. Es macht außerdem Spaß, andere Kunden diskret ein wenig beim Einkauf zu beobachten. Bei der Auswahl an Früchten und Gemüse gehen einem schon die Augen über. Es gibt einfach alles: von Kokosnüssen und Granatäpfeln über frische schwarze Tamarinde bis hin zu Rotkohl, Datteln in jeder Größe, Dattelmilch, Dattelkekse, Dattelkuchen und Datteln in Schokolade gehüllt … Der ideale Ort, um sich auf die Suche nach exotischen Ingredienzen zu begeben, die sich auch gut als Mitbringsel eignen! In der Backwarenabteilung kann man sich ebenfalls nur schwer entscheiden: Baklava, Pide mit verschiedenen Füllungen, asiatisches Gebäck, von dem man vieles noch nie gesehen hat. Und dann die unterschiedlichsten Fische, die auf Eis gelegt auf Zubereitung warten. Die unzähligen Gewürze sind ebenfalls eine Freude, wobei manchmal auch einfach nur die Verpackung schon den Kauf wert ist. Am liebsten möchte man gleich selbst an den Herd und mit all den köstlichen Zutaten etwas zaubern. *Shahiat Jayida* – guten Appetit!

Adresse World Trade Center, The Mall, Hamdan Bin Mohammed Street | Anfahrt Von der Corniche in die Sheikh Rashid bin Saed Street einbiegen und beim ersten Kreisverkehr links abbiegen. Gleich rechts vor dem Gebäude in die Tiefgarage einbiegen. | Öffnungszeiten täglich 8–22 Uhr | Tipp Einkaufen zu jeder Tages- und Nachtzeit kann man bei Spinneys an der Corniche in Al Bateen. Hier gibt es vor allem westliche Lebensmittel. Auch vor Ort findet sich der Spinneys Liquor Store, denn Alkohol gibt es nur in lizenzierten Shops.

63_Der Madinat Zayed Markt

Farbenfrohes Facelifting

Bis vor kurzer Zeit gehörte dieser Markt architektonisch noch ganz zum Abu Dhabi der alten Schule. Untergebracht ist er in einem modernistischen Gebäude aus dem Jahr 1985. Betonsäulen mit schirmartigen, quadratischen Dächern stehen zur Straße hin mal ein wenig vor, mal weiter zurück, um für Schatten zu sorgen. Drinnen wird eine Vielzahl von Waren angeboten, von fangfrischem Fisch bis hin zu jeder Menge Obst und Gemüse. Melonen, Bananen, Bohnen oder Granatäpfel liegen hier bei zahlreichen Händlern ordentlich sortiert und gestapelt. Die leuchtenden Farbtöne der verschiedenen Früchte haben den emiratischen Künstler Mohamed Ahmed Ibrahim zu seiner Neugestaltung der Außenfassade angeregt: Dort finden sich all die natürlichen, bunten Farbtöne von Obst und Gemüse wieder, von Gelb und Rot bis hin zu Grün oder Lila. Er nennt sein Werk schlicht *Grocery* – zu Deutsch: Lebensmittelgeschäft.

Der aus dem Emirat Sharjah stammende Künstler gehört in den VAE zu den Pionieren einer Gruppe von Konzeptkünstlern. Seine Arbeiten wurden schon vom British Museum oder dem Centre Pompidou erworben. Und 2022 vertritt er die Emirate sogar auf der Biennale in Venedig – ein Ereignis, das Ibrahim als eine wichtige Möglichkeit sieht, mit anderen Kunstschaffenden der Welt in einen engeren Dialog zu treten und sich über verschiedene Kulturen auszutauschen.

Bei seiner Arbeit am Markt wurde der Künstler von Assistenten unterstützt, weiter oben malte er von Hubarbeitsbühnen aus. Das gesamte Gebäude wurde von ihm über und über mit Linien und Kreisen versehen. Die Formen erinnern manchmal an Keith Haring oder an insektenähnliche Wesen, dann wieder an Gender-Symbole. Sieht man sie aus weiterer Entfernung, ähneln sie auch ein wenig arabischen Schriftzeichen. Das bunte Facelifting hat dem Marktgebäude gutgetan. Nun lohnt es sich gleich doppelt, dem Grocery einen Besuch abzustatten.

Adresse Sultan Bin Zayed The First Street, Zone 1, Abu Dhabi | Anfahrt Von der Corniche in die Sultan Bin Zayed The First Street fahren. Nach dem Shoppingcenter in die Al Sababah Street einbiegen, der Gemüsemarkt liegt hinter dem Postamt linker Hand. | Öffnungszeiten täglich 9–23 Uhr | Tipp Sultan Al Ramahi, der im Ausland Architektur studierte und nun wieder in Abu Dhabi lebt, hat auf seinem Instagramkanal eine ganze Reihe emblematischer Gebäude der Stadt gezeichnet und gesammelt. www.instagram.com/vectorsandstuff

64_Mamsha Al Saadiyat

Eine Oase der Feinschmecker

In unmittelbarer Nähe des Cultural Districts auf Saadiyat Island gibt es einen neuen Lieblingsort für Strandliebhaber und Feinschmecker gleichermaßen. Mit Mamsha, das auf Deutsch Spaziergang heißt, ist hier eine ultramoderne Siedlung mit über 450 Wohnungen und Reihenhäusern entstanden. Einkaufsmöglichkeiten, Friseure, Spas und Restaurants machen das Viertel zusätzlich attraktiv. Für Zugang zum Strand ist ebenfalls gesorgt. Soul Beach heißt der 400 Meter lange Strandabschnitt, dessen Name bereits suggeriert, dass man hier die Seele baumeln kann. Feiner weißer Sand und das offene türkisblaue Meer stehen aber nicht ausschließlich den Anwohnern zur Verfügung – gegen einen moderaten Eintrittspreis ist der Strand jedem zugänglich. 400 Liegen mit Sonnenschirmen warten die ganze Woche über von 6 Uhr morgens an bis zum Sonnenuntergang auf Sonnenanbeter. Toiletten, Umkleiden und Duschen sind ebenfalls vorhanden und ähnlich schick wie die restliche Umgebung. Wie überall in den VAE überwachen Lifeguards die öffentliche Badezone. Essen und Trinken kann man sich per Smartphone-App bequem an die Liege bestellen; geliefert wird im Golfcart.

Zu dieser neuen Siedlung gehört auch eine Strandpromenade, die von Palmen gesäumt vor den Appartementhäusern verläuft. An dieser Flaniermeile wird kulinarisch einiges geboten, und sie ist in kürzester Zeit vom Geheimtipp zum Hotspot avanciert. Hier hat man die Wahl zwischen traditioneller italienischer Küche oder puristischer japanischer Kochkunst, zwischen Jamaikanisch oder Französisch – und auch ein Steakhaus darf nicht fehlen. Viele der Lokale, die sich hier niedergelassen haben, wurden erst 2021 gegründet. Einige verfügen sogar über eine Lizenz zum Alkoholausschank, die sonst hauptsächlich den in Hotels ansässigen Restaurants vorbehalten ist. Die Vielfalt ist wirklich enorm und sowohl zum Frühstück als auch am Abend heiß begehrt.

Adresse Mamsha Al Saadiyat, Saadiyat Island, Eintritt Soul Beach wochentags 50 AED, am Wochenende 75 AED | Anfahrt Über die E 12 nach Saadiyat Island, dort der Jaques Chirac Street folgen und dann nach Mamsha Al Saadiyat abbiegen. | Öffnungszeiten Soul Beach Fr–Mi 6–19 Uhr, Do 7–19 Uhr | Tipp Das Alkalime ist ein hippes, nahezu veganes Restaurant mit gesunder Küche. Die Karte ist abwechslungsreich, der Service sympathisch. Auch dieses Restaurant wurde erst 2021 in Abu Dhabi gegründet.

65 Manarat al Saadiyat

Die Kulturoase

Bis vor wenigen Jahren noch nahezu unberührt, soll Saadiyat Island in Zukunft mit kulturellen Glanzlichtern bestechen. Zugleich bietet die knapp 26 Quadratkilometer große Insel einen Strand, der seinesgleichen sucht. Dieser besteht aus einem festen Sandkern, der aufgeschüttet wurde, um sie zu vergrößern. Bereits 2017 öffnete der Louvre Abu Dhabi hier seine Türen und ist seitdem eine der ganz großen Anziehungsorte des Emirats.

Das von Sir Norman Foster entworfene Zayed National Museum und das Guggenheim von Frank Gehry für moderne Kunst lassen noch auf sich warten. Letzteres geriet 2011 in die Schlagzeilen, weil Künstler drohten, das Museum wegen der schlechten Arbeitsbedingungen für die dort auf dem Bau beschäftigten Arbeiter zu boykottieren. Wann beide Museen wirklich eröffnen, ist bis heute nicht ganz klar. Zuletzt wurde eine Fertigstellung für 2025 angekündigt. Sicher ist hingegen, dass die Architektur beider Gebäude für Furore sorgen wird.

Im neu entstehenden »Cultural District« befindet sich auch das Kulturzentrum Manarat al Saadiyat. Seit 2009 heißt es interessierte Besucher willkommen und sorgt mit einer ganzen Reihe von Aktivitäten für kulturelles Futter. Bis Ende 2021 wurde hier auch über die weitere Entwicklung der Insel informiert.

Heute sind wechselnde und interessante Ausstellungen zu sehen; es gibt ein Theater und einen Laden für Kunstbedarf. Workshops für Kinder wie für Erwachsene werden außerdem angeboten. Dabei widmet man sich der Druckgrafik, Keramik, Fotografie oder dem Zeichnen von Selbstporträts. Unterstützt werden die Teilnehmer von verschiedenen Künstlern. Das Kino Akil, eine Art kommunales Kino mit vielen arabischen Filmen, hat hier ebenfalls eine Außenstelle.

Es ist erklärtes Ziel des Hauses, arabische und insbesondere emiratische Künstler zu unterstützen und dem Publikum vorzustellen.

Adresse Sheikh Khalifa Highway E 12, Abu Dhabi, Tel. +971/26575800, www.manaratalsaadiyat.ae | Anfahrt Von Mina Port kommend nach der Brücke die Ausfahrt nach Manarat al Saadiyat nehmen und den Beschilderungen folgen. | Öffnungszeiten täglich 9–20 Uhr | Tipp Gegenüber dem Bau ist die renommierte Britische Schule Cranleigh untergebracht. Immer mehr Bildungsanstalten wählen Saadiyat für ihren Campus. Auch das Französische Lyzeum Théodore Monod ist 2021 nach Saadiyat gezogen. Eine Amerikanische Schule soll demnächst folgen.

66 Der Mangrove Walk

Das anpassungsfähigste Ökosystem der Erde

Immergrüne Mangroven sind faszinierende Gewächse. Nicht nur, dass sie in Salzwasser überleben können, sie können auch fünfmal so viel Kohlendioxid aufnehmen wie Laubbäume. Sie bevorzugen Wassertemperaturen von über 20 Grad und halten starker Sonneneinstrahlung und hohen Außentemperaturen stand. Das macht dieses anpassungsfähige, unabhängige Ökosystem ideal für das Klima der Emirate. Durch Schutz- und Aufforstungsprogramme haben sich die Mangroven-Wälder im Emirat seit den 1970er Jahren mehr als verdoppelt. 2.300 Hektar wachsen allein an Abu Dhabis Küsten und bieten vielen Tieren Nest, Nahrung und Unterschlupf.

Seit Januar 2020 ist es möglich, das Grün und seine Bewohner zu Fuß zu erkunden. Hierzu wurde an der Küste der Insel Saadiyat der Jubail Mangrove Park erschaffen. Es gibt ein Besucherzentrum und Holzstege, die tief in die Mangroven und auf das türkisblaue Wasser gebaut wurden, natürlich alles gut abgesichert mit Seilen und hohen Geländern. Rundwege zwischen einem und zwei Kilometern Länge sind so entstanden. Die Wege führen an Infotafeln vorbei, auf denen einiges über die circa 80 Vogelarten, die hier nisten, ruhen oder als Zugvögel Station machen, zu erfahren ist. Über die Fisch- und Krebsarten, denen der schlickige Boden hier Lebensgrundlage bietet, wird auf einer anderen Tafel aufgeklärt. Man erfährt außerdem, wie die Mangroven den benötigten Sauerstoff aus dem Salzwasser filtern und wie wichtig sie heute für den Küstenschutz sind. Die Ranger im Park geben gerne weitere Auskunft.

An der Beach Platform lädt eine mit einem Netz überspannte Freifläche dazu ein, im kristallklaren Wasser nach der Unterwasserwelt Ausschau zu halten. Hier darf man sich auch mal die Füße nass machen. Ein Aussichtsturm ist sicherlich das Highlight des Spaziergangs: Dort sieht man Mangroven, so weit das Auge reicht. Dann folgen das offene Meer und zur anderen Seite hin die Skyline Abu Dhabis.

Adresse auf Jubail Island zwischen Saadiyat und Yas Island | Anfahrt Über die E 12 gelangt man nach Jubail Island. Hier der Beschilderung in Richtung Jubail Mangrove Park folgen. | Öffnungszeiten täglich 8–19.30 Uhr mit letztem Einlass um 18 Uhr. Beste Besuchszeit ist bei Flut, auf der Webseite park.jubailisland.ae kann man den Tidenkalender einsehen. Eintritt 15 AED, Kinder 10 AED | Tipp Ganz an der Südspitze von Jubail Island gibt es den smaragdgrünen Plant Lake. Er hat die Form eines Astes mit Blättern und ist aus der Luft fotografiert ein beliebter Fotospot.

67__Das Marina Eye

Gemütlicher Weitblick

Das Riesenrad vor der Marina Mall wirkt ein wenig wie das Überbleibsel eines Dorfrummels. Es wurde 2015 auf dem Parkplatz aufgestellt und bietet seither für 50 Dirham Rundfahrten an. Die 42 Gondeln, darunter schicke VIP-Kapseln mit Glasboden, bringen einen bis auf 60 Meter in die Höhe. Zugegeben, Rekorde werden hier keine aufgestellt – das wird in diesem Fall Dubai überlassen. Dort wurde unlängst das Ain Dubai (zu Deutsch: Auge Dubai) eingeweiht, das mit 210 Metern das höchste Riesenrad der Welt ist und damit den bisherigen Rekordhalter The High Roller in Las Vegas ablöst.

Doch auch der Ausblick vom bescheideneren Marina Eye lohnt sich. Viele der Sehenswürdigkeiten der Hauptstadt reihen sich vor einem wie Perlen an einer Kette auf: der Präsidentenpalast, der Emirates Palace, die Etihad Towers, die Firmenzentrale von ADNOC bis hin zu den Zwillingstürmen des World Trade Centers. Auf mehreren Umrundungen hat man ausreichend Zeit, den 360-Grad-Panoramablick zu genießen. Auch zur anderen Seite hin wird man nicht enttäuscht: Dort liegt das weite Meer. Besonders ins Auge fällt die erst kürzlich eröffnete Fünf-Sterne-Anlage Fairmont Marina Residences mit ihrem imposanten Rundbogen in der Mitte, der dem Komplex einen märchenhaften Zauber verleiht. Vor allem in der Dunkelheit ist die Fahrt mit dem Riesenrad ein Erlebnis. Dann wird die Skyline zum Lichtermeer, das Rad ist hell erleuchtet und auch für Zuschauer am Boden ein echter Hingucker.

Das Areal um die Marina Mall besteht schon seit 2001 und erfreut sich nach wie vor großer Beliebtheit. Vielleicht auch, weil hier immer wieder erweitert und umgebaut wurde. Wo zum Beispiel mal ein kleiner Schneepark mit Schlittschuhbahn lag, befindet sich heute ein Trampolinpark. Die Insel wurde einst künstlich aufgeschüttet und weil sie das Ufer vor starkem Wellengang schützen sollte, Breakwater (zu Deutsch: Wellenbrecher) genannt.

Adresse Parkplatz an der Marina Mall, Al Marina, Tel. +971/26818300 | **Anfahrt** Über die Al Marsa Street nach Al Marina fahren, das Riesenrad ist schon von Weitem zu sehen. | **Öffnungszeiten** Do–Sa 11–1 Uhr, So–Mi 10–23 Uhr, Eintritt 50 AED für Erwachsene, 30 AED für Kinder | **Tipp** Das Restaurant Tiara im Marina Tower dreht sich und bietet in 120 Metern Höhe einen herrlichen Rundumblick.

68 Marsa Al Bateen

Abendbummel im Yachthafen

Al Bateen gehört zu Abu Dhabis alten Bezirken. Das heißt hier am Arabischen Golf aber nicht, dass die Gebäude schon vor Jahrzehnten errichtet wurden und die Gassen eng und malerisch aussehen. Das wenigste ist hier wirklich alt, und bevor das schwarze Gold zu sprudeln begann, bestand Abu Dhabi zum Großteil aus Hütten. Heute zieht man das Neue und Prächtige ganz einfach vor. Selbst Gebäude aus den 1970er Jahren erscheinen den Einheimischen schon ein wenig in die Jahre gekommen. Immerhin hat man mittlerweile erkannt, dass es sinnvoll ist, die nur wenigen bestehenden historischen Orte nicht auch noch ganz verschwinden zu lassen.

In Al Bateen lebt man in unmittelbarer Nachbarschaft zum Emirates Palace und dem Präsidentenpalast. Vom gleichnamigen Strand aus hat man Aussicht auf den Al-Bateen-Palast; Marsa Al Bateen heißt die Marina. Von hier aus sind die Fischer früher wirklich mit ihren Booten zum Fischfang ausgefahren – damals, als der Großteil der Bevölkerung noch arm und das Heranschaffen von Essbarem noch mit beschwerlichen Strapazen verbunden war. Der Hafen galt als der älteste in den VAE. Das gesamte Areal wurde vor einigen Jahren neu gestaltet. Der Entwurf sah vor, das Fischereierbe nicht durch die neuen Gebäude zu zerstören und außerdem umweltfreundliche Aspekte in der neuen Planung zu berücksichtigen. Altes Hafenflair ist nicht so recht geblieben, aber maritim ist es doch. Mehr als 300 Liegeplätze bieten Platz für Boote und flotte Yachten.

An der weitläufigen Promenade, die sich am Wasser entlangschlängelt, lässt sich in angenehmer Atmosphäre ein kleiner Abendbummel unternehmen. Dann leuchten die Lichter der schicken Appartementhäuser und Hotels, dazu findet sich eine ganze Reihe beliebter Restaurants. Und last but not least: Hier sind wirklich mal eine Menge emiratischer Familien unterwegs, die ebenfalls ein bisschen flanieren und es sich in einem der schönen Lokale zusammen gut gehen lassen.

Adresse Marsa Al Bateen Marina | **Anfahrt** Über die King Abdullah Bin Abdulaziz Al Saud Street rechts in die Al Quffal Street abbiegen. Die Promenade liegt nun rechts. | **Tipp** Total angesagt ist das Brunch & Cake – ein Restaurant, das ursprünglich aus Barcelona stammt und, wie der Name schon vermuten lässt, einen wirklich üppigen Brunch anbietet.

69 Masdar City

Autos müssen draußen bleiben

Es sollte das Prestige der sonst eher als Umweltsünder verschrienen Emirate in den umweltfreundlichen Himmel heben – circa 30 Kilometer östlich von Abu Dhabi gelegen und nicht weit vom Internationalen Flughafen entfernt, erhebt es sich wie ein großer Würfel in der Wüste. 50.000 Einwohnern soll Masdar City in der Zukunft ein CO-neutrales Zuhause geben. Eine ganze Reihe von wissenschaftlichen Instituten und Firmen sollen sich hier mit erneuerbarer Energie und dem Thema Nachhaltigkeit beschäftigen. Bis heute wurde allerdings erst ein geringer Teil der geplanten Baumaßnahmen verwirklicht. Während der Wirtschaftskrise zogen sich eine Menge Investoren zurück. An den Plänen, entworfen von Foster + Partners, wird allerdings weiterhin festgehalten; mit Stand 2022 wird ein Bauende für 2030 prognostiziert.

Autos müssen hier übrigens draußen bleiben; die Fortbewegung erfolgt allein mittels öffentlicher elektrischer Magnetbahnen. Solch eine Fahrt mit führerloser Kabine kann man heute bei einem Besuch schon ausprobieren. Sehr viele Gebäude sind jedoch noch nicht zu bestaunen. Dennoch ist es möglich, sich über viele Fakten rund um den weltweiten Energieverbrauch zu informieren und eine Idee davon zu bekommen, wie eine Stadt der Zukunft aussehen könnte. Es gibt eine Fotovoltaikanlage und einen 45 Meter hohen Windturm (solche wurden auch früher schon in antiken Städten errichtet), der Luft aus der Höhe aufsaugt und sie zurück in die Straßen bläst. Die Gebäude stehen nah beieinander, um sich gegenseitig Schatten zu spenden. Das klingt so einfach, wird aber weltweit weiterhin oft ignoriert. An der Hochschule mit Schwerpunkt erneuerbare Energien sind heute weniger als 500 Studierende eingeschrieben. Dennoch ist Masdar City ein inspirierendes Projekt, das zeigen kann, wie mit innovativer Technologie und Forschung Nachhaltigkeit möglich sein kann. Es wäre schön, würde aus dem Traum von einer umweltfreundlichen Stadt Wirklichkeit werden.

Adresse Masdar, Abu Dhabi, das Viertel liegt nahe dem Flughafen | **Anfahrt** Über die E 10 oder die E 20 in Richtung Flughafen fahren. Dann jeweils den Schildern nach Masdar City folgen. | **Tipp** Im Masdar Building ist ein komplettes Modell der Zukunftsstadt zu sehen. Im Siemens Middle East Headquarters kann man einiges über Werner Siemens und seine frühen Erfindungen erfahren. Hier startet auch die interaktive A-day-in-your-life-Ausstellung.

70 Le Méridien

Übernachten mit Geschichte

Man darf es getrost eine Institution nennen, und mit seinen nun beinahe 50 Jahren Geschichte zählt es im sich so schnell wandelnden Emirat ohne Frage zu den historischen Hotels. 1976 wurde es eingeweiht, und niemand Geringeres als Queen Elizabeth und der Duke of Edinburgh höchstpersönlich reisten zu diesem Ereignis an. Sie erreichten Abu Dhabi an Bord der königlichen Yacht »Britannia« und befanden sich auf einer Rundreise durch den Persischen Golf. Am Mittag überschritt die Queen gemeinsam mit Sheikh Zayid die Türschwelle des damals neuesten Hotels der Stadt. Das Méridien war zu diesem Zeitpunkt das zweite internationale Hotel Abu Dhabis; 1973 war bereits ein Hilton eröffnet worden.

Fünf Stockwerke und 250 Zimmer mit Telefon, Farbfernseher und einem eigenen Privatstrand, an dem sich seither die illustren Gäste tummeln. König Juan Carlos, Margaret Thatcher und auch Muammar al-Gaddafi sollen dort residiert haben. Noch heute erinnern sich einige der betagteren Hotelangestellten an so manchen prominenten Gast. Die vielen Fotos in der Lobby zeugen heute noch davon.

»Ein Zuhause in der Ferne bieten«, unter diesem Motto war die Hotelkette Le Méridien 1972 von der Air France gegründet worden. Ziel war es, der eigenen Crew und den Fluggästen auch auf Reisen in ferne, fremde Welten europäischen Standard zu bieten. 2005 tauchten erstmals Gerüchte auf, denen zufolge dem Hotel der Abriss drohte. Es sollte neuen Autobrücken weichen, die auf die Insel Al Maryah führen sollten. Diese Pläne sind mittlerweile vom Tisch. 2019 unterzog sich der Gebäudekomplex seiner vierten Überholung. Sämtliche Zimmer, öffentliche Räume und insbesondere die Lobby, die sich jetzt »Le Méridien Hub« nennt und als Treffpunkt für Gäste dient, wurden neu interpretiert. Damit ist das Hotel auch wieder in die Kategorie der fünf Sterne aufgerückt, die es zwischendurch verloren hatte.

Adresse Le Méridien, Ecke Zayed The First Street und Al Maiyani Street. | Anfahrt Von der Corniche aus der Sheikh Zayed bin Sultan Street folgen, links in die Zayed The First Street abbiegen. An der Kreuzung mit der Al Maiyani Street wieder links herum und auf das Hotelgelände fahren. | Tipp Im Le Royal Méridian in der Khalifa St liegt im 26. Stockwerk das Restaurant Stratos. Während eines Drinks dreht sich dieses Lokal gemächlich und sorgt für fantastische Ausblicke.

71 Der Mina-Fischmarkt

Frisch auf den Tisch!

Auf der ganzen Welt bilden Märkte tolle Orte, an dem Besucher etwas über die lokale Kultur erfahren können. Das gilt auch für den Mina-Fischmarkt, der im boomenden Emirat noch zu einem der übrig gebliebenen historischen Orte zählt. Jeden Morgen laden hier die Fischer aus der Gegend ihre frische Ware ab. Sie sorgen dafür, dass im Markt alles zu haben ist, was der Arabische Golf so hergibt – aber auch Lachs aus Norwegen kann man hier bekommen. Die große Halle selbst ist innen schlicht gekachelt, und was hier angeboten wird, riecht nach Meer. Zum ganz überwiegenden Teil sind Männer unterwegs, viele der Händler stammen aus Indien. Es wird fachkundig beäugt, gefeilscht und gehandelt – auch zahlreiche Betreiber von Restaurants kommen hierher, um den besten Fisch für ihre Kunden zu erstehen. Der Anblick der üppig arrangierten Fische und Meeresfrüchte ist imposant: Seebrassen, Tintenfische, Makrelen, Garnelen in verschiedenen Größen und immer wieder ein Fisch, dem man im Wasser ausgewachsen eher nicht begegnen möchte – der Hai. Hier zu sehen im Kleinformat, aber wenn Sie lange genug fasziniert hinstarren, kann es sein, dass der Händler mal ein Exemplar am Schwanz fasst und Ihnen direkt vor die Nase hält. Es ist absolut in Ordnung, die Fische zu fotografieren.

Der Markt ist aufgeteilt in drei Bereiche: In dem einen kauft man das Meerestier, auf das man Appetit hat. Im nächsten sorgen die Männer, die in rote Overalls gekleidet sind, dafür, dass die Fische gereinigt, entschuppt und ausgenommen werden. Im nächsten Abschnitt dann kann man sie sich gleich zubereiten lassen. Viele lokale Besucher lassen sich ihren frisch erworbenen Fisch reinigen und anschließend in einem der Lokale direkt auf einem Grill braten. Man kann mit seiner Ware aber auch an den nahen Strand fahren und sie dort bei einem Picknick genießen. Der Markt zieht demnächst in ein neues Gebäude nebenan. Aber auch dann wird es hier sicher authentisch zugehen.

Adresse Dhow Harbour, Mina Port Zayed, Al Mina, Tel. +971/26703888 | Anfahrt Am Ende der E 10 rechts halten und der Al Meena Street immer folgen. An ihrem Ende links halten und in Richtung Hafen fahren. | Öffnungszeiten täglich 7–22 Uhr | Tipp Das Fischrestaurant Al Shader hat nicht nur eine Garküche, in der man sich den Fisch gleich zubereiten lassen kann, man kann ihn auch hier vor Ort in verschiedensten Varianten verzehren. Der Blick geht zwar raus auf den Parkplatz, aber die Küche ist lecker und absolut authentisch.

72 Der Miswak-Automat

Antike Zahnhygiene

Neben dem Haupteingang der Moschee Sheikh Hamdan bin Mohammed al Nahyan befindet sich ein blauer Kasten, der aussieht wie ein Kaugummiautomat vergangener Zeiten. Drei Dirham später hält man statt eines Kaugummis eine Kaustange in der Hand. Dabei handelt es sich um die älteste Zahnbürste der Welt, genannt Miswak oder auch Siwak. Der Miswak ist ein kleiner Zweig oder die Wurzel eines Baumes, dessen Fasern sich perfekt für die Zahnhygiene eignen. Dazu wird meist der *Salvadora persica* verwendet, auf Deutsch passend Zahnbürstenbaum genannt. Er gedeiht auch in den sandigen Böden der Arabischen Halbinsel, Hauptproduzent ist mittlerweile jedoch Pakistan.

Zur Zahnhygiene wird vom Zweig etwa ein Zentimeter Rinde abgeschält oder abgebissen. Anschließend kaut man darauf so lange herum, bis die Enden fasrig werden. Das Kauen macht die Fasern weich und ideal für das Zähneputzen und die Massage des Zahnfleischs. Keimhemmende Mineralien und schmutzlösende Substanzen des Baumes wirken sich positiv auf die Zahngesundheit aus und sollen die Zähne zudem weißer machen. Kein Wunder also, dass der Miswakzweig schon seit Jahrtausenden in Nahost, Nordafrika und Südostasien beliebt ist.

Mittlerweile ist er aber auch in der westlichen Welt auf dem Vormarsch. Zum einen sind die enthaltenen Wirkstoffe wie Fluorid, Kalzium und Silikat heute medizinisch bestätigt. Dazu ist er vollständig biologisch abbaubar und liefert somit ein starkes ökologisches Argument – immerhin landen jährlich weltweit 4,7 Milliarden Zahnbürsten im Müll! Der Miswak kann außerdem ökonomisch punkten: Er ist günstig, und auf Zahncreme kann ganz verzichtet werden. Für den Einstieg sind auch hybride Versionen auf dem Markt; eine herkömmliche Zahnbürste also, bei der nur die Borsten durch Miswak ersetzt wurden. Der Miswak wird zwar nicht im Koran erwähnt, Prophet Mohammed soll seine Nutzung aber ausdrücklich empfohlen haben.

Adresse an der Straßenkreuzung Al Meel St & Hameem St, Al Nahyan, Abu Dhabi | **Anfahrt** Auf der E 10 in Richtung Mangroven Park. Auf die Sheikha Fatima Bint Mubarak Street abbiegen, die Hameem Street verläuft parallel. | **Tipp** Die eindrucksvolle Moschee, an der der Automat angebracht ist, ist im marokkanischen Stil erbaut und wurde 2011 eröffnet. Durch das hohe Minarett und den gelben Anstrich fällt sie schon von Weitem ins Auge. Benannt wurde sie nach Sheikh Hamdan bin Mohammed Al Nayan.

73 Die mobile Tankstelle

Ein Service der Extraklasse

Tanken in Abu Dhabi ist erwartungsgemäß günstig, ist das Emirat doch der größte und erdölreichste Teilstaat der VAE. Durchschnittlich 50 Cent zahlte man 2021 für einen Liter Benzin. Angenehm für die Autofahrer hier, verbringen viele Emirati doch eine Menge Zeit in ihren klimatisierten Schlitten. Nicht so gut für die Umwelt – aber das ist ein weites Feld. Die Tankstellen des Unternehmens ADNOC (Abu Dhabi National Oil Company) sind gut an ihrem typischen Firmenzeichen zu erkennen: ein Falkenkopf, der in den Farben Blau und Weiß gehalten ist. Das staatseigene Unternehmen zählt weltweit zu den größten Erdölproduzenten; in Abu Dhabi hält es über 90 Prozent aller Erdöl- und Erdgasreserven des Landes. Gegründet wurde ADNOC 1971 von Zayid bin Sultan Al Nahyan. Der Firmensitz befindet sich im zweithöchsten Gebäude Abu Dhabis, das mit seiner schlichten Eleganz an der Corniche steht.

An den Tankstellen ist es nicht nötig, das klimatisierte Auto zu verlassen, um den Wagen neu mit Brennstoff zu versorgen. Selbstbedienung gibt es hier nicht, doch kaum hält man neben der Zapfsäule, ist einer der Angestellten zur Stelle, der das Tanken für den Kunden übernimmt. Bezahlt wird anschließend direkt an der Zapfsäule. Allerdings kann es gerade vor Feiertagen mal sein, dass sich dann eine Schlange bildet und man etwas mehr Zeit einplanen muss.

Aber es geht auch noch komfortabler: ADNOC bietet seit einiger Zeit mobile Tankstellen an. Nach der Bestellung dauert es nur wenige Minuten, und ein mit Benzin beladener Truck fährt vor, um das eigene Auto innerhalb kurzer Zeit für den Kunden zu betanken. Dieser Service steht zumindest in speziellen Gebieten Abu Dhabis zur Verfügung. Die Sorge vor den letzten Tropfen im Tank ist hier mittlerweile also überflüssig, Rettung kommt kurz nach einem Anruf angerollt. Und das Beste daran: Es entstehen keine zusätzlichen Kosten – lediglich die Tankfüllung wird bezahlt.

Adresse Al Riyadh City, Abu Dhabi Island, Al Maryah Island und Al Reem Island, Tel. (800) 300 | **Öffnungszeiten** täglich 7–23 Uhr | **Tipp** An der Corniche steht neben der neuen imposanten Firmenzentrale noch das alte Bürogebäude aus den 1970er Jahren; eines der wenigen Objekte, die aus dieser Zeit noch zu sehen sind.

74 Der musikalische Brunnen

Spaß, Spiel, Spazieren

Hier kommen besonders die Kleinen voll auf ihre Kosten! Begeistert laufen sie durch die sprudelnden Wasserfontänen und versuchen, die bunten Formen und Strahlen, die die Lasershow entwirft, mit ihren Händen zu greifen. Der Rest der Familie steht am Rand und schaut dem Treiben zu. Bunte Fischschwärme und geheimnisvolle Medusen spiegeln sich im Regenvorhang, der in die Anlage integriert ist. The Wave, die Welle, nennt sich der faszinierende Gigant, der im Grunde eher als Brunnenskulptur zu bezeichnen ist. Mit seinen mehr als vier Metern Höhe bildet das aufsehenerregende Kunstwerk einen zentralen Anziehungspunkt im neu gestalteten Reem Central Park. Tag und Nacht werden die Besucher dort mit viel Musik und bunten Shows unterhalten. Hinter der bei näherem Hinsehen kniffligen Form von The Wave mussten auch eine ganze Menge Multimediatechnologie und LED-Leuchten diskret verborgen werden. Am 1. Dezember 2018 trat das Faszinosum erstmals in Aktion und bietet den Besuchern seither eine Erfahrung für alle Sinne.

Der Reem Central Park ist ein beliebtes Ziel für Familien. Sie kommen hierher, um Zeit gemeinsam zu verbringen, lassen sich zum Essen im Schatten nieder und beobachten währenddessen die Kinder, die sich an den vielen gebotenen Aktivitäten austoben. Ebenfalls beliebt ist ein Spaziergang am künstlich geschaffenen Kanal entlang.

Ins Auge fallen dabei die vielen bunten Farben und verschiedenen Motive, mit denen das Areal zur Neueröffnung von einer iranischstämmigen Künstlergruppe neu gestaltet wurde. Sie schmücken die Treppenstufen, einige der Mauern, die als eine Art Trennwand zwischen den Bereichen Skatepark, Spiel- oder Basketballplatz dienen, sowie außerdem insgesamt 24 Säulen. Ziel war, mit Farben und Mustern einen Ort zu schaffen, an dem die Grenze zwischen öffentlich und privat verschwimmt. Das ist ihnen gelungen, im Park herrscht entspannte Stimmung.

Adresse Jazeerat Al Reem, Abu Dhabi, www.reemcentralpark.com | **Anfahrt** Über die Hazza 'Bin Zayed The First Street nach Reem Island. Weiter bis Al Matla'i Street, dort rechts fahren und dann links in die Al 'Oud Street, den Schildern zum Park folgen. | **Öffnungszeiten** täglich 6–23 Uhr | **Tipp** Am Strand ganz in der Nähe kann man sich Kanus ausleihen und die nahe gelegenen Mangrovenwälder auf dem Wasser erkunden, www.sea-hawk.ae.

75_Observation Deck at 300

Zimmer mit Aussicht

Der Blick von hier oben ist sensationell. Erst aus der Höhe erschließen sich einem Topografie und Ausdehnung der Stadt so richtig. All die vielen Inseln, das ausgedehnte Netz der Lagunen, der Sand, der von hier oben weiß leuchtet. Und dann umgeben von unglaublich blauem Wasser – das ist einfach nur wunderschön. Vor diesem Panorama heißt es auf der Aussichtsplattform 300:

It's tea time! Sie liegt im 74. Stockwerk des Hotels Conrad by Hilton in den Etihad Towers. Hier oben befindet man sich mit 300 Höhenmetern auf dem höchsten Observation Deck im Emirat. Im Hotel gibt es sogar eine kleine Rezeption, die sich ausschließlich auf die Besucher der Plattform konzentriert. Der Fahrstuhl ist nur wenige Schritte entfernt. Oben angekommen, begibt man sich erst einmal auf Platzsuche. Die meisten der gemütlichen Loungesessel sind nahe der großen Fenster aufgestellt – klar, dass man hier eine Sitzgelegenheit ansteuert. Die kann man sich nach Belieben aussuchen. Möchte man ganz auf der sicheren Seite sein, ist es auch möglich, den Nachmittagstee im Voraus zu reservieren. Vor den Fenstern sind auch Teleskope aufgestellt, durch die man schauen und Sehenswürdigkeiten ganz nah heranholen kann. Der Präsidentenpalast und das Emirates Palace sind aus dieser Entfernung aber auch ohne Fernglas zu erkennen.

Tatsächlich kommt man in erster Linie also wegen der Aussicht hierher. Wenn aber die hübschen Etageren mit all dem feinen Gebäck und den liebevoll zubereiteten Sandwiches vorbeigetragen werden, dann läuft einem doch das Wasser im Mund zusammen. Alles ist köstlich zubereitet und sieht einfach fantastisch aus. Bei der Auswahl ist man für wenige Momente vom Gucken abgelenkt. Und auch echte Tee-Experten kommen hier beim Genuss der feinen Blends auf ihre Kosten. Aber dann heißt es wieder: nach draußen blicken und die Aussicht genießen! Vor allem, wenn die Sonne untergeht und die Stadt in rot-goldenes Licht getaucht wird …

Adresse Tower 2, Level 74, Etihad Towers, Corniche W St, Abu Dhabi | **Anfahrt** Der Corniche in Richtung Südwesten folgen, auf Höhe des Emirates Palace in die Unterführung einbiegen, die einen U-Turn macht und direkt zum Hotel führt. Dort Valet- oder Self-Parking nutzen. | **Öffnungszeiten** Mo–Sa 12–20 Uhr, So geschlossen; Reservierungen unter: www.sevenrooms.com/reservations/observationdeckconradetihadtowers, der Preis für den Afternoon Tea beträgt 250 AED, der Parkplatz im Hotel ist dann frei. | **Tipp** Wer nicht so viel Geld ausgeben möchte, kann alternativ in Ray's Bar einen annähernd guten Blick und feine Cocktails genießen.

76_THE One

Luxusmöbel für jedermann

Die Vorliebe der Golf-Araber für plüschige Sofas, Samtbezüge, Brokatvorhänge und andere üppige, palastähnliche Details ist bis heute ungebrochen. Diese Art Luxus für jedermann zugänglich zu machen, hat sich der schwedische Firmengründer Thomas Lundgren auf die Fahne geschrieben, als er sein Möbelhaus 1996 in Abu Dhabi gründete. Mittlerweile hat THE One, ein Akronym aus The Home Experience, mehr als 30 Filialen im arabischen Raum.

Das THE One Bistro hingegen gibt es nur ein einziges Mal: Es liegt in der obersten Etage des Möbelhauses in Mushrif und direkt gegenüber dem Umm Al Emarat Park. Hier gibt es hervorragendes Essen in wohnlichem Umfeld. Die Karte ist äußerst abwechslungsreich und auf dem neuesten Stand der Ernährungstrends. Ein besonderes Highlight sind die Dachterrassen zu beiden Seiten des Restaurant-Cafés, auf denen man je nach Jahreszeit draußen und bei Bedarf auch im Schatten sitzen kann. Hier weht ein angenehmes Lüftchen, und der Blick auf die Türme des World Trade Centers und den Landmark Tower in der Ferne ist fantastisch. Auch die umliegenden Viertel, die meist aus drei- bis vierstöckigen Villen bestehen, von denen viele kommerziell genutzt werden, lassen sich von hier oben prima überblicken.

Mit gefülltem Bauch lohnt sich dann ein Gang durch die verschiedenen Stockwerke und Abteilungen des Einrichtungshauses. Gedeckte Tische, eingerichtete Schlafzimmerecken oder komplett möblierte Wohnzimmer erinnern in der Aufmachung ein wenig an einen schwedischen Möbelhersteller, mit dem der Gründer aber eigentlich nicht in Verbindung gebracht werden möchte. Auch Auslagen an Geschirr finden sich hier sowie eine große Auswahl an Kissen, Kerzen und Laternen in allen Größen. So kann man sich ein Bild davon machen, wie die herrschaftlichen Villen der Nachbarschaft eingerichtet sein könnten. Einen weiteren Laden gibt es in der Yas Mall, dieser hat außerdem ein Outlet im ersten Stock.

Adresse Mohammed bin Khalifa Street, Al Manhal, W15-2, Mushrif | **Anfahrt** Von der E 10 aus circa zwei Kilometer der Mohammed bin Khalifa Street folgen. Geschäft und Bistro liegen auf der rechten Seite. | **Öffnungszeiten** täglich 9–2 Uhr | **Tipp** Weiteren Luxus zu weniger moderaten Preisen gibt es bei Marina Home Interiors in der Abu Dhabi Mall.

77_Palace in Motion

Der Präsidentenpalast im Rampenlicht

Vor dem Haupteingang des imposanten Baus aus weißem Granit, der für Kabinettssitzungen und Staatsempfänge erbaut wurde, sind die beleuchteten Emporen eigens als Sitzgelegenheiten für die abendliche Lichtershow vorgesehen. Geht am Abend die Sonne hinter den zahlreichen Kuppeln unter und ist es beinahe dunkel, erlöschen die Lichter des Palastes für einen kurzen Moment vollständig. Dann ertönt Musik, und das Spektakel kann beginnen. Monumental und grandios wird hier Geschichte erzählt, werden Vergangenheit, Gegenwart und die Zukunft der Emirate auf die Fassaden projiziert. Da lediglich Musik die Bilder untermalt, es dazu also keine weiteren Erklärungen gibt, braucht es ein wenig Fantasie, die schnell wechselnden Projektionen mit der Geschichte der Emirate in Verbindung zu bringen. Aber auch ohne viel Interpretation sind das Farbspiel, die abwechslungsreiche Beleuchtung und die Klänge dazu ein Genuss. Man ist beinahe enttäuscht, dass die Show nach 15 Minuten schon endet.

Dynamisches Projektionsmapping, wie sich die Technik, bewegte Bilder auf Gebäude zu werfen, nennt, ist keine neue Erfindung. 1969 wurden in Disneyland die ersten Büsten mit Projektoren zum Leben erweckt. Aber die rasante Entwicklung der Technik der Projektoren und Beamer erlaubte es in den letzten Jahren, immer größere Gebäude immer spektakulärer zu beleuchten. Ein Bauwerk wie den Präsidentenpalast als audiovisuelles Spektakel zu inszenieren, birgt enorme Komplexität, denn die Fassade ist an keiner Stelle großflächig und eben, stattdessen ist sie geprägt von vielen Kuppeln, Arkaden, Fenstern und Reliefs. Ein Jahr lang hat es gedauert, die Lichter zu justieren und die Show zu gestalten. Die Technik ist für den Laien fast unsichtbar in den Seitengängen des Vorplatzes sowie an den Lampen versteckt. Mit ihren über 11.000 Quadratmetern handelt es sich hier gegenwärtig um die größte dauerhafte Fassadenprojektion der Welt.

Adresse Qasr Al-Watan, Al Ras Al Akhdar, Ticketpreis 25 AED pro Person für Erwachsene, 12 AED für Kinder | **Anfahrt** Der Corniche ganz bis zum Ende folgen, der Palast liegt nicht weit vom Emirates Palace, und es gibt einen großen Parkplatz. | **Öffnungszeiten** Vorführungen finden täglich statt, Einlass- und Vorführungszeiten variieren im Sommer und Winter, Tickets unter www.qasralwatan.ae/en | **Tipp** Auf Marina Island gibt es in der Al 'Alam Street, kurz vor dem Abu Dhabi Sailing & Yacht Club, eine Reihe toller Restaurants mit herrlichem Blick auf die Skyline und die Corniche.

78 Der Pflanzenmarkt

Sehnsuchtsort für Gartenfreunde

Die Vegetation in den Golfstaaten ist bekanntermaßen nicht gerade üppig. Nur wenige Pflanzen können den extremen Witterungsbedingungen standhalten. Die Echte Dattelpalme ist eine von ihnen, und die VAE sind verantwortlich für etwa sechs Prozent der jährlichen Dattelproduktion weltweit. Auch die Bougainvillea schlägt sich in der trockenen Region recht wacker. Nationalbaum der Emirate ist seit 2008 der Ghaf-Baum, vermutlich die robusteste Pflanze der Wüstengebiete. Man kann ihn in den Emiraten auf niedrigen Sanddünen oder hügeligen Sandlandschaften, oft nahe der Küstenregionen, entdecken.

Pflanzen, mit denen man in der Gegend seine Beete oder Töpfe begrünt, sollten nach Möglichkeit nicht allzu viel kostbares Wasser schlucken. Danach richten sich hier aber die wenigsten – Wasser symbolisiert schließlich Wohlstand und ein grüner Rasen ist erstrebenswert. Ganz langsam setzt sich seit einigen Jahren jedoch ein Umdenken durch. So werden Olivenbäume, die sich großer Beliebtheit erfreuen und als Prestigeobjekt gelten, häufig aus Spanien importiert. Dort fördert die EU den Anbau einer Gattung, die weniger Wasser verbraucht. Auch in öffentlichen Anlagen sind zunehmend Steinbeete, Sukkulenten und Kunstrasen zu sehen.

Weiterhin haben aber viele das Bedürfnis, den eigenen Garten zu begrünen und mit exotischen Pflanzen zu verschönern. Die sind richtig im Pflanzenmarkt von Mina Zayed, einer einladenden grünen Oase. Dort quellen an mehr als 40 Ständen die Stauden und Topfpflanzen nur so über. Auch an sehr heißen Tagen herrscht im Souk reges Treiben. Ein Großteil des Bestandes wird aus Indien, Pakistan oder Thailand importiert, die Pflanzenerde stammt häufig aus Holland oder Deutschland. Außerdem gibt es Düngemittel, Gartenscheren, Pflanzengitter, Blumentöpfe und unzählige weitere Dinge, die das Herz des Hobbygärtners höherschlagen lassen. Es duftet nach Erde, Blumen und Blättern – doch klar: Steine und Kakteen gibt es natürlich auch!

Adresse Mina Market, Al Doum Street. Hier reihen sich viele Gartencenter wie die Green Mountain Nursery oder das Dawn Garden Flowers aneinander. | **Anfahrt** Die Corniche bis Port Zayed durchfahren, dann links in die Al Luluah Street. Am ersten Kreisverkehr links abbiegen, man fährt direkt darauf zu. | **Öffnungszeiten** täglich 8–22 Uhr | **Tipp** Im iranischen Markt wird ein kunterbuntes Allerlei an Waren geboten. Von Gartenstühlen über Kochtöpfe bis zu farbenfrohen Textilien kann man hier einiges entdecken und dabei das eigene Verhandlungsgeschick testen.

79_Die Pony Rides

Ritt durch die einst königlichen Stallungen

Geduldig warten die gesattelten Ponys am Morgen auf ihre kleinen Reiter. Kaum aufgesessen, geht es auch schon los. In kleinen Gruppen führen die Pferdepfleger, hier Grooms genannt, die Vierbeiner sicher über sandige, schattige Reitwege durch Pflanzungen mit Palmen, Eukalyptus- und Ghaf-Bäumen. Vorbei geht es an Reitplätzen und Paddocks. Hier und da begegnet man Kaninchen oder Hühnern, manchmal gar einem stolzen Pfau. Die gesamte Anlage war nach ihrer Gründung 1969 zunächst ausschließlich Privatstall des Gründers der VAE und großen Pferdeliebhabers Sheikh Zayid bin Sultan al Nahyan. Ihm lag insbesondere die Reinrassigkeit des Arabischen Vollblüters am Herzen, und so begann er in den 1980er Jahren mit der Zucht der eleganten Tiere, die zu den ältesten und edelsten Pferderassen der Welt gehören. Ihren Ursprung haben sie auf der Arabischen Halbinsel. Die ausdauernden und genügsamen Pferde waren in den kargen Wüstenlandschaften ideale Weggefährten der Beduinen und so hochgeschätzt, dass sie sogar im Nomadenzelt untergebracht wurden. Eingesetzt wurden Vollblutaraber als Rennpferde, bei der Jagd oder auch für Shows.

2006, zwei Jahre nach dem Tod Sheikh Zayids, wurden die Stallungen in eine Reitschule umgewandelt. Heute wird hier Unterricht für jedes Niveau angeboten, allerdings exklusiv für Damen. Der Ponyclub, vor dem das Ponyreiten jeweils startet, ist Teil des Reitstalls. Hier sind auch Jungen willkommen. Es gibt Überlegungen, die gesamte Anlage zu modernisieren und mit Klimaanlagen auszustatten.

Nach 20 Minuten ist die Reitrunde beendet. Die Kinder verfüttern noch ihre mitgebrachten Karotten, dann wenden sie sich den Spielplätzen zu, und die Ponys kehren in ihre Stallungen zurück. Nach dem Reiten braucht es außerdem eine Stärkung. Im The Royal Stables Café stehen warme und kalte Getränke sowie Snacks zur Verfügung. Auch Reitartikel werden hier angeboten.

Adresse The Royal Stables, Ecke Al Karama, Al Saada Street, Ponyreiten findet jeden Morgen außer Freitag von Oktober bis Mai statt, 75 AED, Informationen unter Tel. +971/24478111, E-Mail: admin@theroyalstables.ae | **Anfahrt** Von der Corniche auf die Al Khaleej al Arabi St abbiegen, dann links auf die Shakhbout bin Sultan St. An der Al Karamah St rechts und gleich wieder rechts in den Reitstall einbiegen. Beim Sicherheitsdienst anmelden. | **Tipp** Die Pferderennbahn Abu Dhabi Equestrian Club bietet während der kühleren Monate 16 Rennen an. Der Eintritt ist dort frei, Wetten sind hier allerdings verboten, und es ist eine Reservierung nötig.

80_Power of Words

Sheikh Zayids weise Worte betreten

Ein Besuch im Präsidentenpalast Qasr Al-Watan gehört während eines Aufenthalts in Abu Dhabi zum absoluten Muss. Die 380.000 Quadratmeter große Anlage mit ihren Gärten, Empfangshallen, einem Bankettsaal, dem Parlament und vielen Ausstellungsräumen ist so prächtig, wie man es sich von einem orientalischen Palast nur erträumen kann.

Die dreidimensionale, goldene Skulptur Power of Words fügt sich sehr passend in diese Opulenz ein. Das Exponat aus arabischen Schriftzügen hat im Ostflügel des Palastes unter einem eindrucksvollen Lüster seinen Platz gefunden. Es lädt Besucher dazu ein, ins Innere der sechs Tonnen schweren Ausstellungsstückes zu treten. Die weisen Worte des Gründervaters der Vereinigten Arabischen Emirate, Sheikh Zayid bin Sultan al Nahyan, lassen sich von hier aus viel besser erfahren. Ihre Übersetzung lautet: »Der Wohlstand liegt nicht im Reichtum von Öl und Geld, sondern in den Menschen, und der Wohlstand ist wertlos, wenn er nicht dazu eingesetzt wird, den Menschen zu dienen.« Hier steht außerdem immer ein Fotograf bereit, von dem man sich in der Skulptur ablichten lassen kann.

Kalligrafie als Kunstform hat im orientalischen schöpferischen Werk noch immer einen hohen Stellenwert. Geschaffen wurde das imposante Objekt von Mattar Bin Lahej. Es besteht aus Edelstahl und wurde anschließend mit einer Goldlegierung überzogen. Der Autodidakt spielt oft mit Stahl und Schrift und nutzt dazu Zitate emiratischer Herrscher. Seit mehr als 20 Jahren bereichert er die Kunstszene am Arabischen Golf und hat hier viel für neue Talente und deren Akzeptanz getan. Auch die Fassade des Museum of the Future in Dubai stammt von Bin Lahej, der ursprünglich Psychologie studierte. Zwei weitere seiner ovalen Skulpturen sind in den Gärten des Palastes zu finden. Sie sind etwas kleiner und mit Silber legiert. Auch hier dienen Zitate des ehemaligen Präsidenten als Grundlage.

Adresse Qasr Al-Watan, Al Ras al Akhdar, Abu Dhabi, Eintritt: 60 AED für Erwachsene, auch gültig für die Lichtershow, wenn diese am gleichen Tag besucht wird, 30 AED für Kinder | **Anfahrt** Der Corniche ganz bis zum Ende folgen, der Palast liegt nicht weit vom Emirates Palace, und es gibt einen großen Parkplatz. | **Öffnungszeiten** täglich 10–18 Uhr | **Tipp** Im Palast ist eine Bibliothek untergebracht, in der an die 50.000 Texte und 16 Millionen digitale Dokumente aus arabischer Geschichte, Kunst und Geografie zu finden sind. Sie steht Besuchern wie Einwohnern gleichermaßen offen.

81 Pura Eco Retreat

Träumen unterm Himmelszelt …

Die Insel Jubail Island liegt zwischen Saadiyat und Yas Island und hat zu Beginn des Jahres 2020 den Mangrove Walk (siehe Kapitel 66) eröffnet, der sich schnell zu einem beliebten Ausflugsziel gemausert hat. Umgeben von weißem Sand, türkisfarbenem Wasser und zahlreichen Mangroven ist hier auch ein neues Retreat entstanden, das mit seinem Konzept den ökologischen Fußabdruck möglichst klein halten möchte. So muss man sein Auto etwa drei Kilometer entfernt am Parkplatz des Mangrove Walks stehen lassen und wird von dort aus mit einem Buggy ans Ziel gebracht.

Hauptgebäude und zentraler Punkt der Anlage ist eine weiße Villa. Es gibt fünf Zelte mit geodätischen Dächern. Sie sind schlicht, aber wunderschön ausgestattet, vom Fenster aus kann man mit dem dort aufgestellten Teleskop eventuell auch ein paar Tiere beobachten. Auf Jubail Island sind neben verschiedensten Fischen auch Krabben, Flamingos und andere Wasservögel zu Hause. Wer auch hier nicht auf das Gefühl von Luxus verzichten möchte, dem geht während des Aufenthalts ein privater Butler zur Hand.

Erst einmal ist die Idee aber Verzicht: so gibt es kein WiFi. Die Gäste sollen sich hier, statt Nachrichten und Fotos zu versenden, auf das Hier und Jetzt konzentrieren. Und auf die Natur – zum Beispiel mit einer Kajaktour an den Mangroven entlang. Gegessen wird an niedrigen Tischen und Sitzgelegenheiten, die aus Holzpaletten hergestellt wurden. Die Lampen, die in der zeltartigen Konstruktion über einem baumeln, sind umfunktionierte Fischreusen. Am Himmel leuchten die Sterne. Feuerstellen sorgen für ein bisschen Wärme – es kann nachts ganz schön frisch werden – und Campingatmosphäre.

Der Name des Retreats ist übrigens ein Wortspiel mit dem spanischen *pura vida*, was so viel heißt wie das *reine Leben*. Kinder sind hier jedoch leider nicht willkommen, das Konzept heißt »adults only«, und das Mindestalter für den Aufenthalt ist 18 Jahre.

Adresse Pura Eco Retreat, Jubail Island, Abu Dhabi, Tel. +971/503837878 | Anfahrt Über die E 12 gelangt man nach Jubail Island. Dort in Richtung Jubail Mangrove Park orientieren. | Öffnungszeiten Sa–Mi von 8–24 Uhr, Do und Fr 8–1 Uhr nachts | Tipp Wer mag, kann im Mangrovenpark sogar übernachten – zudem auf eine ganz besonders exklusive Weise. Auf Plattformen wurden sogenannte Bubble Tents aufgestellt, komfortable Kuppelzelte mit einem Panoramadach, das den Blick auf die Landschaft und den Sternenhimmel freigibt.

82_Qasr Al Sarab

Treffpunkt im Unendlichen

Viele halten es für eines der schönsten Hotels Abu Dhabis – und das will etwas heißen, denn an Superlativen mangelt es dem Emirat auf diesem Terrain nicht. In Inneren des Qasr Al Sarab herrscht der perfekte Luxus, vor seinen Türen liegt die schier unglaubliche Schönheit des weiten leeren Viertels, der Rub al-Chali. Endlose rote Dünen reihen sich aneinander, bevor man vor einem imposanten Eingang anlangt.

Die Bauarbeiten für das Luxusresort begannen 2007. Annähernd zwei Millionen Kubikmeter Sand mussten bewegt werden. Viele der Stützmauern errichtete man mit Hilfe von mit Wüstensand gefüllten Säcken, um so den Bedarf an Beton zu verringern. Bei der Architektur wurde versucht, den Einfall der extremen Winde, der während eines Sandsturmes in der Wüste entstehen kann, zu minimieren. Das einer alten Festung gleichende Hotel verfügt über 154 Zimmer, 42 Villen und zehn sogenannte königliche Pavillons mit jeweils eigenem Pool. Der gesamte Baustil, die Kunstwerke und die Inneneinrichtung sollen die Traditionen und Geschichte der Region widerspiegeln. Runde Türmchen, zinnenbewehrte Wände und islamisches Design schmücken die Luxusherberge, die regelmäßig Auszeichnungen erhält. Dass die Übernachtungen hier ihren Preis haben, versteht sich von selbst.

Seit seiner Eröffnung 2009 öffnet das Juwel am Rande der Rub al-Chali seine Türen immer wieder für Hochglanzmagazine und Filmcrews – 2016 zum Beispiel während der Aufnahmen zur siebten Episode der Star-Wars-Reihe »Das Erwachen der Macht«. Den Hotelgästen stehen Restaurants, Spa-Bereiche der Extraklasse und Swimmingpools zur Verfügung. Auch Tennisspielen, Mountainbike-Touren, Bogenschießen oder Dünenwanderungen werden angeboten. Möchte man sich wie Lawrence von Arabien fühlen, kann man das während eines Ritts auf dem Kamel tun. Und dann natürlich immer wieder, weshalb so viele herkommen: die große Stille und endlose Weite.

Adresse Liwa Desert, Qasr Al Sarab Road 1, Jurayrah, Abu Dhabi | Anfahrt Das Hotel liegt am nördlichen Rand der Rub al-Chali. Von Abu Dhabi aus ist es über die E 65 in circa zwei Stunden mit dem Auto zu erreichen. | Tipp Wer auf der Suche nach etwas weniger Luxus ist, dem sei das Liwa Art Hub empfohlen. Hier geht es einfacher, dafür aber kreativ zu. Regelmäßig werden hier Kunstfestivals veranstaltet. www.adah.ae, E-Mail: arthub@live.com

83 Der Reem Central Park

Entdeckungen auf Reem Island

Hier kommen mal wieder alle auf ihre Kosten, die in toller Umgebung ein bisschen was für ihre Fitness tun wollen. Vor allen Dingen der großzügig angelegte Skatepark lockt eine ganze Schar derjenigen an, die gerne auf rollenden Brettern kleine Kunststücke üben. Man hatte hier die glänzende Idee, die zwei mitten durch den Park verlaufenden Brücken zu nutzen, um unter ihnen großzügigen, aber vor allem viel schattigen Raum zu schaffen. Die außerdem angelegten Rasenflächen nutzen so einige für ein Picknick und den kleinen Powernap zwischendurch.

Eine weitere Besonderheit bildet ein Spaziergang, den man am Kanal entlang unternehmen kann. Der künstliche Reem Island Canal verläuft einmal quer über die ganze Insel, und es ist reizvoll, hier am türkisblauen Wasser zu spazieren und die Stadt noch einmal wieder aus einer anderen Perspektive zu betrachten. Läuft man den Weg ganz bis zu Ende, geht es gleich über an den Strand der Insel. Nahe einer kleinen Bucht entsteht hier seit 2018 der sogenannte Makers District. Dieses Areal gehört zwar nicht mehr zum Al Reem Central Park, lohnt aber dennoch einen kleinen Abstecher.

Nahe des neuen Strandclubs Cove Beach gibt es eine besonders faszinierende Installation zu entdecken: Die amerikanische Künstlerin Jenny Sabin greift in ihren Arbeiten auf die Biologie und mathematische Formeln zurück, um materielle Strukturen zu entwerfen. Dabei entstehen zauberhafte Gebilde.

Dieses hier ist leuchtend weiß, trägt den Namen Pearl (zu Deutsch: Perle) und besteht aus Tausenden konischen Formen und Zellen, die mit Hilfe digitaler Technologie konstruiert und gewebt wurden. Da die einzelnen Bestandteile der Installation aus Glasfasern bestehen und während des Tages Sonnenenergie absorbieren, beginnt diese bei Einbruch der Dunkelheit zu leuchten. Entstanden ist auf diese Weise ein fantastisches komplexes Kunstwerk, das einen Besuch in jedem Fall lohnt.

Adresse Jazeerat Al Reem, Abu Dhabi, | **Anfahrt** Von der E 10 in Richtung Zentrum rechts auf die Al Falah Street abbiegen, der Straßenführung immer weiter folgen. Am Al Fay Park über die Oud Street nach links bis zum Park fahren | **Öffnungszeiten** täglich 6–23 Uhr | **Tipp** Reem Island ist auch Zuhause für einen Ableger der französischen Sorbonne. In einem imposanten Gebäudekomplex leben und studieren hier seit 2006 junge Menschen aus aller Welt. Di um 14 Uhr und Do um 11 Uhr werden Touren für Besucher angeboten, www.sorbonne.ae.

84 Die Regenschirmgasse

Fantasievoller Sonnenschutz

Wien und Paris haben sie schon, Zürich und Bukarest ebenfalls. Was 240 Kilometer nördlich von Lissabon anlässlich des Kunstfestivals im Jahr 2011 begann, rief weltweit so viel Begeisterung hervor, dass mittlerweile immer mehr Gassen durch die bunten Regenschirme verschönert werden. In Águeda waren sie einst als Schattenspender gedacht und sollten so zusätzliche Fläche für das Kunstfestival schaffen.

Seit einiger Zeit locken diese Schirme auch in Abu Dhabi Social-Media-Fans und Fotobegeisterte an. Die Gasse ist Teil des kleinen Viertels »The Walk at Al Seef«, das gegenüber dem Flugplatz Al-Bateen entstand und mit seinem südeuropäischen Flair seit Eröffnung im November 2017 Einheimische und Touristen gleichermaßen anzieht. Die kleinen Sträßchen sind komplett autofrei und laden zum Flanieren, Einkaufen und Verweilen ein. Die Anzahl an Cafés und Restaurants hier ist groß und sehr abwechslungsreich, es gibt gesunde Kost in hippen Lokalen, Spezialitäten aus Nahost und schicke Orte zum Brunchen oder verrückte Themencafés.

Ein idealer Ort auch für Familien mit kleineren Kindern, da es hier keinen Verkehr, dafür aber einige Spielplätze gibt. Der dörfliche Charakter wird noch durch einen Mosaikbrunnen abgerundet. Unter den schattenspenden Regenschirmen ist auch die von einer emiratischen Künstlerin gegründete Reflections Art Gallery zu finden. Nada Al Ameri bietet Kurse an, organisiert Ausstellungen und widmet sich insbesondere der Therapie behinderter Kinder. Auch ein Buchladen, der die Abu Dhabi International Book Fair, die jedes Jahr im Mai stattfindet, mit Lesungen und Buchsignierungen unterstützt, ist hier zu Hause. Mitten im Dorf überrascht noch das Al Seef Resort & Spa by Andalus, dessen Architektur der Umgebung mit südeuropäisch anmutenden Häusern exakt angepasst ist. So kann es bei einem Erkundungsgang durch das Viertel passieren, dass man versehentlich am Pool bei den Hotelgästen landet.

Adresse Al Seef Mall, Sheikh Zayed Street, Khalifa Park | **Anfahrt** Der E 10 in Richtung Mangrove Park folgen. Hat man diesen links liegen gelassen, circa einen Kilometer weiter Richtung Khalifa Park/Ministries Complex abfahren. Das Al Seef Village liegt rechter Hand und hat eine Tiefgarage. | **Tipp** Das Sanderson's Café grenzt direkt an das Vier-Sterne-Resort an und bietet seit 2018 nach eigenen Angaben »stimmungsaufhellendes« Essen an. Einen Versuch ist es wert!

85 Der Roof Walk

Ferrari aufs Dach steigen

Es ist sicher kein Zufall, dass Ferrari ausgerechnet Abu Dhabi als Standort auswählte, um seinen weltweit größten Freizeitpark zu eröffnen. Das letzte und entscheidende Rennen der Formel-1-Saison, der Abu Dhabi Grand Prix, findet hier statt und lockt Autoliebhaber aus aller Welt an. Darüber hinaus sind die Emirati begeisterte Fans der schnellen Autos. Sie können es sich leisten!

Der Themenpark, der in seinen über 20 Attraktionen die Kräfte simulieren will, die beim Rennsport auf den Fahrer einwirken, ist fast vollständig überdacht. Die imposante Dachkonstruktion erstreckt sich über 210.000 Quadratmeter und ist in leuchtendem Rot lackiert. Seit 2021 kann sogar das Dach bestiegen werden – der Roof Walk ist die neueste Attraktion der Ferrari-Welt! Auf einem 90-minütigem Spaziergang können Schwindelfreie diese nun aus der Höhe bestaunen. Natürlich werden sie mit entsprechender Kletterausrüstung ausgestattet. Man steigt über die Treppen eines Turms direkt aufs Ferrari-Rot des Dachs. Das ist der Test, ob man die Höhe unter freiem Himmel ohne Begrenzung auch wirklich aushält. Auf dem Dach spaziert man dann mit einem Guide über ein schmales Gitter – angeseilt versteht sich. Der Ausblick auf die Formel-1-Rennstrecke oder den neuen Flughafen in Falkenform ist fantastisch und so nirgends sonst zu haben. Hier oben ist auch das weltweit größte Ferrari-Logo, das für den italienischen Fahrzeugbauer kreiert wurde, zu bestaunen.

Für Fans der Marke mit dem schwarzen Pferd, die lieber auf einen Adrenalinkick in großer Höhe verzichten, lockt im Foyer der größte Ferrari-Shop der Welt. Er ist auch ohne Eintrittskarte über die Yas Mall zugänglich. Hier gibt es von Kugelschreibern über Krawatten bis hin zu Miniaturnachbildungen verschiedener Modelle, von denen einige bis zu 10.000 Euro kosten, alles rund um den schnellen Flitzer. Ferrari World ist ein gigantisches Aushängeschild für die italienische Automarke und demonstriert zugleich den enormen Ehrgeiz Abu Dhabis.

Adresse Yas Island, Yas Mall, 125 AED pro Ticket, www.ferrariworldabudhabi.com/en/experiences/roofwalk-zipline | Anfahrt Am Flughafen die E 12 in Richtung Yas Island nehmen, dort den Schildern zur Ferrari World folgen. | Tipp Gleich neben dem Eingang zur Ferrari World ist der Eingang zu Clymb, einem anderen Erlebnis der Superlative: die höchste Indoor-Kletterwand der Welt.

86 Die Rub al-Chali

Ausflug in die Wüste

Das leere Viertel, die *Rub al-Chali* – was für ein wunderbarer Name für die größte Sandwüste der Erde! Gleich entsteht im Kopf das Bild von Weite und Stille. Einige widerstandsfähige Tiere und Pflanzen gibt es hier aber doch – mit etwas Glück trifft man auf Kamele, und vereinzelt stehen einsame Akazien. Im Kern der Wüste ist es dann ganz leer. Auch die Beduinen hielten sich immer nur an ihrem Rand auf. Die Wüste ist Sehnsuchtsort der Emirati, ihre gemeinsame Vergangenheit, auf die sie sich beziehen. Das Leben dort wird heute idealisiert, obwohl es hart und entbehrungsreich war.

Sand, so weit das Auge reicht, in einem warmen Farbton, der oft an Karamellbonbons erinnert, manchmal ein wenig rötlich changiert. Die Temperaturen können nachts den Gefrierpunkt erreichen, am Tage sind es bis zu 60 Grad. Weil die Luftfeuchtigkeit inmitten der Wüste nicht so hoch ist, fährt man von Abu Dhabi aus während der unerträglich feuchtschwülen Monate gerne nach Al Ain oder Liwa. Bis heute gilt das leere Viertel als eines der am wenigsten zugänglichen Gebiete der Erde, Wasser und Vegetation sind extrem selten.

Einen Ausflug durch die Wüste sollte man deshalb niemals allein unternehmen. Den Besuchern werden hier zahlreiche Aktivitäten angeboten. Aber mal ehrlich: Sind es nicht die anscheinend grenzenlose Weite, die Stille und der Sternenhimmel in der Nacht, die den Reiz der Wüste ausmachen?

Die Dünen, die bis zu 300 Meter hoch aufragen, verlaufen immer Richtung Ost-West, weil der Passatwind hier aus dem Norden kommt. So eine Sanddüne zu Fuß zu erklimmen, hat es übrigens ganz schön in sich. Man versinkt leicht im unglaublich weichen Sand und hat bei jedem Schritt das Gefühl, auch wieder ein wenig zurückzufallen. Aber irgendwann hat man es dann doch geschafft. Dann sitzt man oben und schaut über diese wunderbare und faszinierende Welt.

Adresse Die Liwa Oase ist ungefähr bei den Koordinaten 23°08'N 53°46'E verortet. | **Anfahrt** Als Anfahrt bietet sich die Moreeb-Düne an. Diese ist bei den Koordinaten 22°58'47"N, 53°47'10" zu finden. Hierfür die E 45 bis Liwa fahren, dann der Beschilderung folgen. | **Tipp** Die Wüste birgt auch den dunkelsten Fleck des Emirates. Al Quaa ist zu finden bei den Koordinaten 23°60'46"N, 54°75'02"O Richtung Al Ain. Bei Neumond lassen sich hier Milchstraße und Sterne besonders gut beobachten.

87_Die Sheikh Zayed Bridge

Aller guten Dinge sind drei

Mit steigendem Verkehrsaufkommen von Abu Dhabi Island in Richtung Flughafen und weiter nach Dubai wurde eine Entlastung der beiden schon existierenden Brücken dringend notwendig. Die ältere, die Al Maqta Bridge, ist schon seit 1967 in Betrieb. Sie kennt also noch Zeiten, in denen es vier Stunden und länger dauern konnte, nach Dubai zu gelangen. Damals existierten schließlich kaum asphaltierte Straßen, und häufig kreuzten Kamele die Fahrbahn. Es gab keine allgemein gültigen Verkehrsregeln und in der Nacht keine Beleuchtung.

Die zweite Brücke, die Mussafah Bridge, wurde 1977 eingeweiht. Erst 25 Jahre später gab man eine dritte in Auftrag: Die spektakulärste und schönste der drei Brücken wurde von der inzwischen verstorbenen irakisch-britischen Stararchitektin Zaha Hadid entworfen. Dabei handelt es sich um ihr erstes Bauwerk in den Emiraten. 2020 wurde in Dubai ihr zweites Projekt, das spektakuläre ME Dubai Hotel, eröffnet.

Bei der Sheikh Zayed Bridge bestehen die Pylonen aus weißen, s-förmigen Stahlbögen, die den Dünen der Wüste nachempfunden sind. Diese Bögen ragen mehr als 60 Meter auf in den Himmel, um dann ins Meer abzutauchen. Dazwischen sind die Fahrbahnen aufgehängt. Schon bei Tage ist das äußerst elegant anzuschauen. In der Nacht wirkt die 842 Meter lange Brücke mit ihren jeweils vier Fahrspuren je Richtung einfach majestätisch. Dafür sorgt ein ausgefeiltes Beleuchtungskonzept von Rogier van der Heide, der auch das W-Hotel an der Yas Marina beleuchtet hat. Am besten zu sehen ist dieses Schauspiel beim Vorbeifahren von der Nachbarbrücke aus. Die komplexe, 900 Millionen Dirham teure Brückenkonstruktion konnte erst Ende 2010 nach acht Baujahren eröffnet werden. Sie soll den Autofahrern 15 Minuten Fahrzeit sparen. Es heißt, die Brücke sei auf 120 Jahre Lebensdauer ausgerichtet. Bis dahin gibt es vermutlich ganz andere Transportmöglichkeiten. Den Hyperloop vielleicht?

Adresse Sheikh Zayed Bridge, Khor al Maqta | **Anfahrt** Die Brücke liegt an der E 10 und verbindet Al Maqta mit der Abu Dhabi Island. | **Tipp** Einen Abstecher ist der Abu Dhabi Golf Club wert. Das spektakuläre Clubhaus ähnelt einem Falken – seine ausgebreiteten Schwingen formen das Dach, und sein Kopf ragt über das Gebäude hinaus. Hier finden zahlreiche Golfturniere statt.

88_Der Sheikha Fatima Park

Ein Stadtgarten für das Gemeinwohl

Dieser Park hieß bis vor einiger Zeit noch Khalidiya Ladies Park und war, wie der Name es bereits erahnen lässt, ein Ort, der nur den Frauen und ihrem Nachwuchs vorbehalten war. Weil er aber nicht besonders stark frequentiert wurde, entstand die Idee, den Ort ganz neu zu gestalten. Der noch junge Sheikha Fatima Park brüstete sich bei seiner Eröffnung damit, der erste Lifestyle-Park der Emirate zu sein. Gemeint ist damit, dass hier grüne Bereiche, in denen zahlreiche Aktivitäten zur Auswahl stehen, mit Einkaufsmöglichkeiten und Gastronomie verbunden werden. Jedes Konzept, das die Menschen zu mehr Bewegung im Freien ansporn‌t und damit dem Problem Übergewicht zu Leibe rückt, ist in Abu Dhabi willkommen.

Der Park, der sich nahe der Corniche befindet, verfügt über eine Fläche von 46.000 Quadratmetern, auf denen verschiedenste sportliche Aktivitäten angeboten werden. Es gibt einen Skatepark, ein Fitnessstudio, eine Kletterhalle sowie Wasserspiele zum Planschen und eine Spielzone für Kleinkinder. Ein Outdoor-Kino lädt zum Besuch ein, und fürs leibliche Wohl wird ebenfalls gesorgt.

Besondere Aufmerksamkeit verdienen die Wandmalereien im Park. Rund um die fünf Themen »Geist«, »Reise«, »Innovation«, »Gemeinsam« und »Erinnerung« erarbeitete eine Gruppe von Künstlern gemeinsam mit Studenten und Schülern ihre Ideen zu diesen Begriffen. Überlegt wurde dabei, in welcher Beziehung Park und Besucher zueinander stehen sollten. Schließlich sollte seine Neugestaltung das Leben der Anwohner hier bereichern. So beschäftigen sich die Malereien zum Thema »Reise« damit, welche Entwicklung der Park nehmen sollte, um für die Zukunft einen besseren Gemeinschaftssinn untereinander zu schaffen. Beim Begriff »Geist« befasste die Künstlergruppe sich mit dem Charakter, der eine Nachbarschaft ausmachen sollte. Vielleicht sorgt ja auch eine solche gemeinsame Aktion schon für guten Zusammenhalt.

Adresse Der Park liegt nahe der Corniche, Ecke Al Bateen und Zayed The First Street. | **Anfahrt** Das Auto am besten an der West Corniche Road parken und von dort aus ein kleines Stück zu Fuß weitergehen. | **Öffnungszeiten** täglich 10–22 Uhr | **Tipp** Nahe der unweit gelegenen Adnoc-Tankstelle in der Zayed The First Road befindet sich das Burro Blanco. Dort gehen die besten Burritos der Stadt als Streetfood über den Tresen!

89 Die Salatfarm im Supermarkt

Der kürzeste Transportweg der Welt

In einem großen weißen Quadrat in der Nähe der Kassen des Supermarktes Carrefour im Untergeschoss der Yas Mall strecken zarte Salate ihre Köpfchen dem hellen Licht entgegen. Die Glasfronten des Quaders geben den Blick auf ihr Wurzelwerk frei. Das zieht sich die Nährstoffe direkt aus dem Wasser, ohne je mit Erde in Berührung zu kommen. Angebaut werden hier Kräuter und Salate.

Die Pflanzung direkt im Markt sorgt für den frischesten Salat im ganzen Emirat. Kaum abgeerntet, liegt er auch schon im Frischeregal gleich nebenan. Das ist vor allen Dingen während der heißen Sommermonate von Vorteil, da die Blätter beim Transport ansonsten allzu leicht welken. Nebenbei weckt das mehrstöckige Gewächshaus auch die Neugier der Konsumenten, die sich vor Ort über die Anbaumethode und deren Vorteile informieren können. Die Idee der Hydroponik, wie diese Art des Anbaus genannt wird, ist nicht ganz neu. Schon in der Antike soll sie existiert haben. Der Begriff stammt von den griechischen Wörtern *hydro* (Wasser) und *ponos* (Arbeit) ab. Die Wurzeln der Pflanzen hängen in fließendem Wasser, das mit Mineralien und Sauerstoff angereichert wird. Dort saugen sie die benötigten Nährstoffe auf. Im Vergleich zu konventionellen Methoden wird der Wasserverbrauch dabei bis zu 90 Prozent reduziert. Auf Chemikalien wird vollständig verzichtet, und es wird kein genmanipuliertes Saatgut eingesetzt – so steht es zumindest auf der Informationstafel. Da sich die Salate und Kräutersetzlinge auf Etageren übereinander stapeln lassen, spart man dazu viel Fläche. Deshalb wird oft von vertikalem Anbau gesprochen. Rund 25 Kilogramm der grünen Vitaminbomben lässt sich täglich ernten. Das Wachstum der Pflanzen ist von Klima, Jahreszeiten oder Unwettern gänzlich unabhängig. Ideal also für ein Land, in dem Pflanzen sonst extremer Hitze und Trockenheit ausgesetzt sind und viel Wasser zum Wachsen brauchen.

Adresse Carrefour Yas Mall, Yas Island, www.carrefouruae.com | **Anfahrt** Aus Richtung Flughafen kommend der E 12 folgen, Ausfahrt zur Yas Mall nehmen und den Schildern folgen. | **Öffnungszeiten** täglich 9–24 Uhr | **Tipp** In der Yas Mall befindet sich ein Ableger des mexikanischen KidZania. In einer nachgebildeten kommerziellen Stadt können Kinder hier verschiedene Berufe kennenlernen und sich spielerisch in ihnen ausprobieren. Zahlungsmittel ist eine fiktive Währung – Training für die Händler von morgen.

90_Der Salt Food Truck

Drive-in auf Emiratisch

Foodtrucks erfreuen sich überall großer Beliebtheit. Sowohl für Konsumenten als auch für die Betreiber ist es ein Konzept, das aufgeht. Das Essen wird dort angeboten, wo es gebraucht wird: auf Parkplätzen, an Strandpromenaden oder bei Events. Der Standortwechsel ist ein Kinderspiel – Klappe zu und weiter geht es.

2014 ist der Salt Food Truck der beiden emiratischen Gründerinnen Amal Al Marri und Deem Al Bassam das erste Mal gestartet. Er tourte durch die Emirate und machte dabei auch in der Hauptstadt halt. Unter dem Hashtag #findsalt veröffentlichten seine Anhänger in den sozialen Medien, wo der Imbiss die guten Burger gerade anbot, und schon stürmten seine Fans los.

Die Formel für das Menü lautet: einfache Zutaten, gut zubereitet. Kleine Burger, sogenannte Sliders aus Huhn oder Rind, dazu Kartoffel- oder Süßkartoffelpommes mit verschiedenen Soßen.

Der schwarze Truck mit dem leckeren Essen hatte so großen Erfolg, dass der ausrangierte Camper inzwischen fest vor dem Umm al Emarat Park installiert ist. Ein schöner Ort für einen Imbiss, da hier noch eine Terrasse auf Kunstrasen und ein Indoorbereich dazugehören.

Wer trotz des schönen Ambientes nicht hier speisen möchte – vielleicht, weil es sogar zum Aussteigen zu heiß ist –, der kann auf den Parkplätzen direkt davor halten und einfach mehrmals laut hupen. Eigens hierfür engagierte Angestellte eilen mit Block und Stift herbei und nehmen die Bestellung direkt am Auto auf: ein mobiler Drive-in sozusagen. Nach ein bisschen Wartezeit, mit laufendem Motor versteht sich, weil man ja nicht schwitzen möchte, wird die gefüllte Kartonbox von selbigem Mitarbeiter ans Autofenster gebracht. Dem Namen zum Trotz dauert das Fast Food dennoch ein wenig, da alle Essen in den Emiraten stets frisch zubereitet werden müssen. Plastik gibt es hier kaum, auch die Getränke werden möglichst in Glasflaschen serviert.

Adresse Umm al Emarat Park, Al Mushrif, | **Anfahrt** Von der Corniche aus in die Mubarak bin Mohammed St biegen, bis zur Mohammed bin Khalifa St fahren, die vom Kreisverkehr links abzweigt. Dann bis zum Umm al Emarat Park fahren. Über die al Nadd St einfahren und parken. | **Öffnungszeiten** täglich 10–1 Uhr | **Tipp** Wer mit Kindern unterwegs ist, kann im nahe gelegenen Park von der Promenade aus eine Rundfahrt im Zug unternehmen. Er verkehrt So–Do 14–23 Uhr, Sa 12–23 Uhr.

91 Das Schattenhaus

Grün als Temperatursenker

Es steht inmitten eines der grünen Ziele für die Besucher und Einwohner der Hauptstadt, früher bekannt unter dem Namen »Mushrif Central Park«. Der als ältester Stadtgarten Abu Dhabis geltende Park schloss 2013 für zwei Jahre seine Tore, um modernisiert und um eine ganze Reihe an Attraktionen reicher als »Umm Al Emarat Park« (auf Deutsch »Mutter der Nation-Park«) wiederzueröffnen. Seitdem strömen die Besucher in den öffentlichen Garten; nicht zuletzt Schulkinder und Studenten, die das grüne Areal als eine Art Outdoor-Klassenraum nutzen. Sie können hier viel lernen über Vegetation, ihre eigene beduinische Vergangenheit und das Ökosystem im Park.

Das Gelände wird heute von einer beeindruckenden neuen Einrichtung überblickt, dem sogenannten Schattenhaus. Von seinen beiden Plattformen aus hat man eine fantastische Aussicht über die ganze Anlage und die Skyline Abu Dhabis. Im Inneren des Gebäudes sollen die mehr als 30 unterschiedlichen Pflanzenarten aus aller Welt dafür sorgen, Spitzentemperaturen zu senken. Normalerweise würden sie in der Region draußen unter der extremen Hitze nicht überleben können. Ein ausgetüfteltes Fogging-System sorgt mit feinem Wassernebel dafür, dass sich die Luft im Gewächshaus abkühlt. Gleichzeitig unterstützt das System, ein bestimmtes Feuchtigkeitslevel zu erhalten und damit den Wuchs der Pflanzen zu befördern.

Das ganze Jahr über lockt der Park seine Besucher mit unterschiedlichsten Events für jedes Alter. Für Jogger und Fahrradfahrer wurde rund um das Gelände herum ein Trail angelegt. Zweimal schon gewann die Grünanlage den »Green Flag Award«; einen Preis, der jährlich an gut geführte Parks und sicher gestaltete öffentliche Freiflächen vergeben wird. Mit einer Tierscheune, einem Kleintierzoo oder Ponyreiten ist die Anlage ein wirklich familienfreundlicher Ort. Aber auch ein tolles Ausflugsziel, um gemächlich die Wege entlangzuspazieren, vorbei an sachte raschelnden Palmen und leise vor sich hin plätscherndem Wasser.

Adresse 15th Street, Mushrif Area, Abu Dhabi, Tel. +971/26669559, www.ummalemaratpark.ae | Anfahrt Von der Corniche aus in die Mubarak bin Mohammed St biegen bis zur Mohammed bin Khalifa St fahren, die vom Kreisverkehr links abzweigt. Dann weiter bis zum Umm al Emarat Park. Über die al Nadd St einfahren und parken. | Öffnungszeiten täglich 8–21 Uhr | Tipp Jeden Samstag findet im Park der Ripe Market statt. Hier kann man frische Produkte einkaufen und an vielen Ständen lecker essen.

92_Der Skulpturengarten der Special Olympics

Andenken an die »Entschlossenen«

Auf dem Gelände des Ausstellungsgebäudes Manarat Al Saadiyat stehen in einem kleinen Park unauffällig einige Skulpturen. Zu sehen sind zwei von einem libanesischen Künstler geschaffene überlebensgroße Figuren, die sich einen Ball zuspielen. Südkoreanische Kreativität schuf – stellvertretend für die sieben Emirate – sieben bunte Maskottchen. Ein wenig nach hinten versetzt steht eine abstrakte Keramikwand der inzwischen 96-jährigen Künstlerin Etel Adnan, um nur einige Beispiele zu nennen. 2019 fanden in Abu Dhabi mit großem Erfolg und viel internationaler Anerkennung die Special Olympics World Summer Games statt. Im Zuge dessen wurden sechs Künstler beauftragt, Skulpturen zum Gedenken an den unermüdlichen Einsatz von Athleten und Organisatoren zu schaffen. So unterschiedlich die Kunst und die verwendeten Materialien sein mögen, so haben alle Kreationen doch eine Botschaft gemein: das Potenzial von Menschen mit geistiger Behinderung aufzudecken und zu fördern, sie in der Gesellschaft aufzunehmen und dort zu verwurzeln. Die Kunstwerke sollen dazu anhalten, diese Menschen nicht zu vergessen.

Die Special Olympics sind vom Olympischen Komitee anerkannte Spiele für Menschen mit geistiger Behinderung. Ziel ist es, durch Sport das Selbstbewusstsein dieser Menschen zu stärken und Akzeptanz in der Gesellschaft zu schaffen. An die 650 Athleten aus aller Welt kamen 2019 nach Abu Dhabi, um in verschiedensten Disziplinen um Titel zu kämpfen. Ins Leben gerufen wurden diese besonderen Spiele 1968 von Eunice Kennedy-Shriver und finden seitdem regelmäßig statt. Statt von Menschen mit Behinderung zu sprechen, wurde in den Emiraten 2017 der Begriff »People of determination« eingeführt. Darüber hinaus entstand eine Agenda, die die circa 20.000 Betroffenen durch Zugang zu Schulen, Jobs und Krankenversicherung unterstützen soll.

Adresse Special Olympics Garden, Manarat Al Saadiyat, Cultural District | **Anfahrt** Saadiyat ist über die E 12 zu erreichen. Das Manarat Al Saadiyat liegt dort im Cultural District. | **Tipp** Im Cultural District auf Saadiyat ist das Sheikh Zayed Museum geplant, dessen Eröffnung sich mittlerweile bis 2025 verschiebt. Mit seinen Falkenfedern nachempfundenen Dächern, die in den Himmel ragen, wird das von Foster + Partners entworfene Gebäude auch architektonisch wieder ein echter Hingucker.

93 The Souk at Qaryat Al Beri

Arabisch-venezianische Atmosphäre

Im Grunde handelt es sich bei diesem Souk um einen Abschnitt des Shangri-La Hotels, einem Luxusresort mit eigenem Strand und einer ganzen Reihe an Freizeitangeboten. Will man einfach nur faul und feudal in einer exotischen Welt schwelgen, ist man hier genau richtig. Auf der anderen Seite des Wasserwegs Khor al Maqta sind vom Privatstrand aus die unzähligen Kuppeln und die vier Minarette der Scheich-Zayid-Moschee zu sehen. Die unterschiedlichen Bereiche des Hotels sind verbunden durch kleine, sachte schlängelnde Kanäle. Auf denen befördern die traditionellen Abras, aus Holz gebaute Boote, die Besucher beinahe wie auf dem Canal Grande. Das ist wohl auch der Grund dafür, dass in den Beschreibungen der Hotelanlage immer wieder mal das Wort »venezianisch« auftaucht.

Damit man die luxuriöse Pracht noch nicht einmal zum Shoppen verlassen muss, gibt es auch die im Verhältnis zu anderen Einkaufszentren doch eher kleine, aber feine Mall Souk at Qaryat Al Beri. Mit ihren warmen Farben und den arabisch anmutenden Lampen soll sie die Atmosphäre und das Aussehen einen typischen traditionellen Souk nachahmen. Deren Bedeutung als Handelsort hat in der arabischen Welt besonders in den Städten stark abgenommen. Dafür interessieren sich Touristen heute umso mehr für die hiesigen handwerklichen Produkte, Gewürze und fremdartige Duftstoffe, die es in solch einem Souk in Hülle und Fülle gibt. In der Mall hier finden sich über zwei Stockwerke verteilt eine ganze Reihe von Geschäften und Restaurants. Es gibt aber auch Galerien und Läden, die kunstgewerbliche Gegenstände, farbenfrohe Kissen und bunte Gewänder anbieten oder leckere, in Schokolade gehüllte Datteln.

Auch die Emirati kommen gerne auf einen Bummel hierher. Ein Souk, in dem nicht gedrängelt und geschubst wird und auch die Händler sich zurückhaltend benehmen – das passt ganz gut zum gediegenen Luxus, der einen im Shangri-La umgibt.

Adresse Shangri-La Hotel – Rabdan – Al Maqta, www.soukqaryatalberi.com | Anfahrt Über die E 10 bis Khor Al Maqta, dort auf der E 22 weiterfahren und nach circa einem Kilometer rechts in die Al Khor Street abbiegen. | Öffnungszeiten Sa–Mi 10–22 Uhr, Do, Fr 10–23 Uhr | Tipp Bei Camel Cookies werden Kekse mit Kardamom-Dattel oder Safrangeschmack angeboten. Ein ausgefallenes und schönes Mitbringsel für Zuhause!

94 Das Sportstadion

Besuch bei einem Allroundtalent

Seine Form erinnert an ein römisches Kolosseum. Sheikh Zayid bin Sultan Al Nahyan hatte bereits 1974 den Wunsch, einen Sportkomplex auf hohem internationalen Niveau errichten zu lassen. Das Zayed-Sports-City-Stadion ist mit seinen beinahe 43.000 Sitzplätzen das größte seiner Art in den VAE. Zu der Zeit, als es an seinem jetzigen Standort errichtet wurde, gab es hier keine anderen Bauten. Der helle Stein im gleißenden Licht, umgeben nur von Wüstensand – das muss einen mächtigen Eindruck gemacht haben. Entworfen wurde es seinerzeit von einem französischen Architektentrio.

1979 konnte das Stadion fertiggestellt werden, ein Jahr später wurde es feierlich eröffnet. Genau 40 Jahre danach musste es generalüberholt werden. Anlass dazu war die FIFA-Klub-Weltmeisterschaft, die hier ausgetragen wurde. Die große Arena ist aber nur ein kleiner Teil dieses gigantischen Mehrzweck-Areals. Die Emirati sind im Allgemeinen sportbegeistert – wenn auch häufig eher von der Couch aus …

Das Zentrum bietet ein Internationales Tennis Center, mehrere Basketball-, Rugby- und Lacrossefelder, Schwimmbecken, Fitnesscenter und Eisbahnen. Manche Sportplätze können auch privat gemietet werden. Darüber hinaus finden Festivals und Konzerte statt; auch internationale Stars wie Bon Jovi oder George Michael sind hier schon aufgetreten, selbst Boxlegende Muhammed Ali kämpfte hier in den 1980er Jahren. Wer hier einfach nur seine Runden laufen oder Fahrrad fahren will, der kann das ebenfalls tun. Eine ganze Reihe populärer Restaurants sorgen anschließend für die Verpflegung.

Am 5. Februar 2019 war das Sportstadion Zeuge eines Ereignisses historischer Dimension: An jenem Tag kam Papst Franziskus zu einem Besuch und hielt im Stadion die größte christliche Messe ab, die je auf der Arabischen Halbinsel zelebriert wurde. Und nur einen Monat später trafen sich Menschen mit Behinderung hier erstmals in den VAE zu den Special Olympics.

Adresse Zayed Sports City, Al Khaleej al Arabi Street | Anfahrt über die E 10 bis zum Straßenkreuz in Khor al Maqta. Dann über die Sheikh Rashid Bin Saeed Street weiter zum Zayed-Sports-City-Stadion | Öffnungszeiten Die jeweiligen Zeiten am besten auf der Website überprüfen: www.zsc.ae/en/explore/visit-zsc | Tipp Wer ein Faible für Cricket hat, dem sei das Sheikh Zayed Stadium in Khalifa City empfohlen. 2021 fand hier der Cricket World Cup der Herren statt. Zu den besonderen Ereignissen hier gehörten außerdem zwei Benefizspiele im Jahr 2006, die die Opfer eines Erdbebens in Pakistan unterstützen sollten.

95 Der Straßenbäcker

Frisch und knusprig aus dem Ofen

Bäckereien dieser Art sind im fortschrittsgläubigen Abu Dhabi nicht mehr leicht zu finden. Vor dem Laden steht oft ein altes Fahrrad mit einem roten Plastikkorb auf dem Gepäckträger, mit dem das frische Fladenbrot in der Nachbarschaft ausgefahren wird. Hier in der Shawas Street stellt der Bäcker es noch in einem Tandur her. Seine offene Oberseite wird *bâb al-manaq* genannt – »Mund des Ofens«.

Der Teig wird ausgerollt, über eine Art Kissen nochmals zurechtgezupft und dann gegen die Innenwand des Ofens geklatscht. Dort bleibt es hängen und kann schon nach kurzer Zeit wieder herausgeholt werden. Das fertige Brot bläht sich an einigen Stellen auf und erhält so seine typischen gebräunten und besonders knusprigen Flecken. Über dem einfachen kleinen Geschäft steht der poetisch klingende Name *Wandering Seagull Bakery* (zu Deutsch etwa: *Die Bäckerei der wandernden Möwe*). Einige der roten Buchstaben des Schriftzugs sind mit der Zeit ein wenig verrutscht. Aber wen stört es – in so ein warmes, frisches Brot zu beißen, das gerade direkt aus dem Ofen kommt, ist einfach köstlich.

Chubz ist in arabischen Ländern die Bezeichnung für Brot. Manchmal wird es auch Khubz, Khuboos oder Khubus geschrieben. Seine Zusammensetzung besteht aus einem Hefeteig, der meist mit Weizenmehl, Wasser, Salz und Olivenöl zubereitet wird. Eine weitere Bäckerei, in der neben Fladenbrot auch libanesisches Manakish und das indische Naan angeboten werden, nennt sich Al Fanoos Bakery und liegt in der Ghaf Bu Farashah Street. Hier verarbeiten zwei Bäcker riesige Mengen von Teig. Der eine klopft und knetet, sein Kollege benetzt anschließend ein Tuch mit Wasser, glättet und formt. Vor dem Geschäft bildet sich regelmäßig eine Schlange. Für jeden Kunden wird das Brot direkt frisch zubereitet.

Und wer auch während seines Aufenthalts gar nicht auf deutsches Brot verzichten kann, der findet es bei Brot. The German Bakery.

Adresse Wandering Seagull Bakery Al Zahiyah Street, nahe Badhwah Street, Abu Dhabi, Tel. +971/567554852 | **Anfahrt** Auf der Razeen Street die Corniche verlassen, links in die Badhwah Street abbiegen, hier parken und zur Zahiyah Street laufen. | **Öffnungszeiten** Fr–Mi 6–23 Uhr, Do 6.30–24 Uhr | **Tipp** Auch die berühmte aus New York stammende Magnolia Bakery hat es nach Abu Dhabi getrieben: In der Mall The Galleria auf Al Maryah Island werden in der Bäckerei üppige Torten mit viel Creme und Zuckerverzierung angeboten.

96 Das Tashas

Schlemmen mit Blick auf edle Yachten

Dieses Restaurant begann gleich nach seiner Eröffnung als Riesenerfolg – kein Wunder, stimmt hier doch einfach alles. Das Essen ist toll, die Atmosphäre hell und warm, die Einrichtung mit leicht kolonialem Touch. Offene Holzregale, auf denen schöne Tonkrüge stehen, lange Tische und große Töpfe mit Olivenbäumen oder Fächerpalmen. Schauen Sie außerdem ruhig mal an die Decke, denn dort befindet sich eine aufwendige Installation einer südafrikanischen Künstlerin namens Elonah O'Neil. Leuchtend weißes, gewachstes Papier erstreckt sich wellenförmig den ganzen Raum entlang und dämpft gleichzeitig die Geräusche. Auch Natasha Sideris, die Gründerin des Tashas, stammt aus Südafrika. Dass ihr jedes Detail wichtig ist, ist an der liebevollen Einrichtung und am Essen zu spüren. Mittlerweile betrachtet sie die VAE als ihre zweite Heimat – für sie ein Ort voller fantastischer Möglichkeiten. In Südafrika betreibt die Kette bereits 13 Lokale, und im Nachbaremirat Dubai gibt es Flamingo Room by Tashas, das sich ebenfalls großer Beliebtheit erfreut.

Hier, im Hafen Marsa Al Bateen, ist es während der kühleren Monate am schönsten, draußen auf der großzügigen Terrasse zu sitzen. Die Servicekräfte, die aus aller Welt stammen, sind auf Zack und freundlich. Auch das ein wichtiger Punkt im Gesamtkonzept. Viele große Topfpflanzen und gemütliche Rattanstühle oder weiße Sessel laden dazu ein, es sich gut gehen zu lassen. Dann hat man einen herrlichen Blick auf den Hafen und die pompösen Yachten, die dort im türkisblauen Wasser dümpeln. Es gibt mediterrane Küche mit einer Kombination aus spanischem und orientalischem Einfluss. So sind auf der Karte Patatas Bravas neben Couscous oder Spinat mit Schafskäse-Hummus zu finden. Dazu vielleicht ein kühlendes Zitronensorbet? Auf frische Produkte wird viel Wert gelegt. Und übrigens: Im Lokal sind auch gleich die Kochbücher von Natasha Sideris zu finden.

Adresse Unit B 02, Marsa, Al Bateen, Abu Dhabi, Tel. +971/24450890, E-Mail: albateen@tashascafe.com | **Anfahrt** Über die King Abdullah Bin Abdulaziz Al Saud Street rechts in die Al Quffal Street abbiegen. Vor dem Tashas befindet sich ein großer Parkplatz. | **Öffnungszeiten** Sa–Mi 8–23 Uhr, Do, Fr 8–24 Uhr | **Tipp** Eine tolle Alternative bietet das Market im luxuriösen Hotel Edition gleich um die Ecke.

97 Der Taucher

Bewegung an der Yas Bay Waterfront

Und plötzlich war sie da: eine riesige, bronzefarbene Skulptur, deren Kopf aus dem Wasser herausschaut. Die großen Hände greifen aus der Tiefe und scheinen nach Halt auf der Promenade zu suchen, die gleich hinter der Etihad Arena verläuft. Im März 2021 tauchte die Kunstinstallation auf, und bis heute konnte nicht in Erfahrung gebracht werden, welcher Künstler hinter diesem Werk steckt.

Zahlreiche Vermutungen ranken um die Figur. Soll sie eine Reminiszenz an die Perlenfischer sein, wie es sie früher hier an der Küste gab? Manche fühlten sich auch an eine Animationsfigur aus dem japanischen Zeichentrickfilm »Angriff auf den Titan« erinnert. Fotos vom Mann aus dem Wasser wurden häufig in den sozialen Netzwerken geteilt, woraufhin viele über die Hintergründe rätselten.

Der mysteriöse glatzköpfige Taucher ist aber nicht das einzige neue Kunstwerk, das man an der Promenade bestaunen kann. Am populären Nachtclub Mad sind die Mauern großflächig mit Wandbildern geschmückt. Hier ist aber bekannt, wer dahintersteckt: Die Malereien sind das Werk einer indisch-kanadischstämmigen Straßenkünstlerin, die in den Emiraten aufwuchs. Fathima Mohiuddin, die auch unter dem Namen Fatspatrol bekannt ist, hat bereits in Dubai, aber auch in Kanada oder Australien Wände gestaltet.

Yas Island ist schwer im Wandel. Die Etihad Arena ist seit Ende 2020 ein neuer Schauplatz für Konzerte und Sportereignisse. Bis zu 18.000 Menschen können in der Multifunktionshalle Platz finden. Das Design der spektakulären, golden schimmernden Fassade, die nahtlos ins Dach übergeht, ist so optimiert, dass das Einwirken der extremen Hitze Abu Dhabis reduziert wird. Sie besteht aus Sonnenschutzlamellen, die verstellt werden können; außerdem sind Solarpaneele eingebaut. Faszinierend auch die Rollbühne, die durch ihre Beweglichkeit dafür sorgt, dass unterschiedliche Räume entstehen können. Ein weiterer Ort zum Staunen!

Adresse Yas Bay Waterfront | **Anfahrt** Auf der E 10 in Richtung Yas Island fahren, dort die Yas Drive Street nehmen und dann links halten in Richtung Promenade. | **Tipp** Das Hunter & Barrel ist ein beliebtes australisches Steakrestaurant an der Yas Bay Waterfront mit Aussicht aufs Wasser.

98_Das Telal Resort Al Ain

Wie aus 1001 Nacht

Während eines Urlaubs in den Emiraten sollte man unbedingt eine Fahrt in die Wüste unternehmen. Besser ist es, man plant diese inklusive Übernachtung mit ein. Für diejenigen, die nicht den nötigen Mut oder das Equipment für eine Nacht im Zelt haben, bietet das Telal Resort Al Ain eine tolle Alternative.

Das Resort liegt in der Nähe von Al Ain in der Remah-Wüste, durch die einst die Beduinenstämme zogen. Es ist leicht auch ohne Geländewagen zu erreichen. Das Auto muss in der Hotelanlage abgestellt, und die Autoschlüssel müssen abgegeben werden, weil sich das Resort mitten in einer Schutzzone befindet, in der verschiedene, seltene Antilopenarten leben, unter anderem ist auch die Arabische Oryxantilope hier beheimatet. Letztere galt 1972 zeitweise als ausgerottet, doch durch Zuchtprogramme mit Zootieren gelang es, die Art glücklicherweise zu erhalten. Inzwischen leben in den Emiraten wieder bis zu 6.000 Tiere; die größte Herde ist auf Sir Bani Yas zu Hause. In der Anlage liegen außerdem künstlich angelegte Seen, die in der Dämmerung zusätzlich viele Arten Vögel anlocken. Einmal angekommen, braucht man das eigene Auto ohnehin nicht mehr. Das Gelände ist zwar weitläufig, die über das Areal verstreuten Gebäude sind aber gut zu Fuß zu erreichen – einen Hol- und Bringservice per Golfcart gibt es außerdem.

Alles in der Anlage ist authentisch und im emiratischen Stil gebaut und eingerichtet. Von den Unterkünften aus hat man einen freien Blick auf die unendlich scheinende Wüstenlandschaft. Man kann herrliche Spaziergänge durch die Dünen unternehmen, und auf Wunsch werden für den Abend Sitzkissen und Feuer hergerichtet. Wer es spektakulärer mag, für den gibt es die Möglichkeit, das Resort mit der hauseigenen Zipline zu überfliegen oder eine der zahlreichen Aktivitäten wie Kamelreiten, Quadfahren oder Falknerei zu buchen. Ein kleiner Souk mit Moschee, Farm, Madschlis und Kaffeezeremonie lässt einen endgültig in 1001 Nacht abtauchen.

Adresse Telal Resort, Remah Al Ain, www.telalresort.ae | Anfahrt Auf die E 22 nach Al Ain fahren. Nach circa 80 Kilometern abfahren, die Autobahn überqueren und der Straße folgen. An der T-Kreuzung rechts bis zum Resort fahren. | Tipp Die Autobahn E 22 zwischen Abu Dhabi und Al Ain hat mit einer Begrenzung von 160 km/h das höchste Tempolimit weltweit und somit einen Platz unter den schnellsten Straßen der Welt. In der Wüste dann gibt es absolut nichts, ausschließlich Dünen und viel Sand – und das ist auch gut so!

99 Der Teppich

Symbolträchtige Knüpfkunst

Er ist der größte Teppich der Welt und ohne Zweifel eindrucksvoll. Eine Zeit lang durften alle Besucher ihn barfuß betreten. Seit Ende 2021 ist er nur noch von zwei Stellen im großen Gebetssaal aus zu betrachten, die Schuhe darf man dabei anbehalten. Es heißt, Sheikh Zayid Bin Sultan al Nahyan, der 1996 den Grundstein für die Scheich-Zayid-Moschee legte, habe höchstselbst verfügt, dass sie Besuchern aus aller Welt zur Besichtigung offen stehen solle. Seit ihrer Eröffnung im Jahr 2007 kommen sie in Scharen.

Gefertigt wurde der gigantische Teppich in Maschhad im Iran; einer Stadt, die als bedeutendes Zentrum für kunstvolle Knüpfkunst gilt. 1.200 Teppichweber waren an seiner Herstellung beteiligt, und sie verarbeiteten dabei 38 Tonnen Baumwolle und Wolle. Das Wunderwerk besteht aus unvorstellbaren 2,2 Milliarden einzelnen, handgebundenen Knoten.

Seine prominenteste Farbe ist Grün, denn diesem kommt in der islamischen Welt eine besondere Bedeutung zu. Üppige Vegetation ist eine Seltenheit in der Region, und das Grün einer Oase bedeutet Leben und bildet ein Symbol für den einst zu erlangenden Paradiesgarten. Schon Mohammed habe gerne grüne Gewänder getragen, sagt die Legende – heute steht die Farbe leider oft auch für den gewaltbereiten Islam.

Das Beige im Teppich symbolisiert den Wüstensand. Seine Muster bilden florale, traditionelle islamische Motive. 21 Monate wurde daran gearbeitet, bevor er im großen Gebetssaal verlegt werden konnte. Die Teppichteile, die heute insgesamt eine Fläche von 5.625 Quadratmeter bedecken, wurden in zwei Flugzeugen nach Abu Dhabi geflogen, wo kundige Facharbeiter sie von Hand zusammennähten. Läuft man barfuß über das Knüpfwerk, dann spürt man mitunter Nahtstellen. Auch diese haben eine Funktion: Sie dienen den Muslimen zur Orientierung dafür, wie sie sich während des Gebets eng nebeneinander in einer Reihe anzuordnen haben.

Adresse Sheikh Rashid Bin Saeed Street, 5th St, Abu Dhabi, Tel. +971/24191919, www.szgmc.gov.ae | **Anfahrt** Über die E 10 in Richtung Sheikh Zayed Grand Mosque fahren, sie ist früh ausgeschildert. | **Öffnungszeiten** Sa – Do 9 – 22 Uhr, Fr 15 – 22 Uhr | **Tipp** Das Grab Sheikh Zayids kann in der Moschee ebenfalls besucht werden und wird leicht übersehen. Es befindet sich im Freien und ist sehr schlicht gehalten. Fotografieren ist dort verboten.

100_Der Teppichmarkt

Teppiche für alle Lebenslagen

Auf dem Teppichmarkt direkt am Mina Hafen, dort, wo die Corniche ihren Anfang nimmt, gibt es in über 30 Geschäften Teppiche aller nur denkbaren Provenienzen und in verschiedenster Qualität. Bis Mitte der 1990er Jahre war der Teppichmarkt in Zelten untergebracht, sodass während des Verhandelns sowohl Ware und Verkaufspersonal als auch die Kunden der sengenden Hitze ausgesetzt waren. Einem Besuch Sheikh Zayids sei es zu verdanken, dass an der gleichen Stelle, an der die Zeltstadt stand, Betonbauten errichtet wurden. Sie beherbergen das heutige Marktgeschehen.

Der Ursprung des Teppichs ist bei den Nomaden zu finden. So eine Auslegeware hielt die Bodenkälte ab und diente nebenbei als Wandbehang zur Isolierung oder auch als Türvorhang. Außerdem ließ er sich beim Weiterziehen leicht zusammenrollen und gut transportieren. Gebetsteppiche schützten den Betenden vor dem unreinen Boden und waren handlich. Größe und Art eines Teppichs wurden bald zum Statussymbol. Es entwickelte sich ein Kunsthandwerk mit je nach Region unterschiedlichen Mustern und Materialien. Sogar die Webstühle konnten bequem mitgenommen werden.

In langen Arkaden zieht sich der Teppichmarkt um den Parkplatz und bietet den vorwiegend pakistanischen und afghanischen Verkäufern eine kühle Verkaufsfläche und Wohnraum. Heute überwiegt hier allerdings maschinengefertigte Ware. Meist ist sie zu Säulen aufgerollt, größere Teppiche sind auf dem Boden ausgebreitet. Vereinzelt finden sich handgewebte Kelime aus Pakistan oder Afghanistan mit traditionellen Mustern und Farben. Einige der Shops sind auf Sitzkissen spezialisiert und verkaufen kleine Kaffeetischchen. Auch riesige farbenfrohe Picknickdecken aus Syrien sind unter den angebotenen Waren zu finden. Kunstgras gibt es ebenso wie Laminate oder Vorhänge. Die Auswahl ist groß und abwechslungsreich, und um die Kundschaft wird kräftig gebuhlt. Hier überkommt einen ein richtiges Souk-Gefühl.

Adresse Al Shinaf, Ecke Al Meena Street | Anfahrt Am Ende der E 10 rechts halten und der Al Meena Street immer folgen. An ihrem Ende links halten und in Richtung Hafen fahren. | Öffnungszeiten täglich 9–23 Uhr | Tipp Gleich neben dem englischen THE CLUB liegt ein kleiner Hafen. Von hier aus starten Boote nach Moon Island, einer Insel vor Saadiyat mit Blick nach Reem Island. Hier gibt es einen Beach Club, und übernachten kann man auch.

101 Third Place Café

Hier ist der Name Programm

Dieses besondere Café liegt nicht weit entfernt von der Corniche und ist in einer modernen Villa untergebracht. In dieser Lokalität ist der Name Programm und äußerst passend ausgewählt für einen Ort, der mehr bieten möchte als nur ein gutes Frühstück oder einen gesunden Mittagstisch. Mit Stil und Behaglichkeit umgesetzt, erhält man eine ziemlich exakte Vorstellung davon, was man unter dem Begriff »Der Dritte Ort« zu verstehen hat – eine Umgebung, in der man sich freundschaftlich austauscht, zwanglos Unterhaltungen führt und den Rest der Welt einfach vor der Tür lässt. Stress soll so ab- und ein Gemeinschaftsgefühl aufgebaut werden.

So jedenfalls hat es der Soziologe Ray Oldenburg definiert, als er in den 1980er Jahren in nordamerikanischen Vorstädten forschte und den Dritten Ort als für die Gesellschaft wichtiges Umfeld hervorhob. Seiner Erläuterung nach bildet das Zuhause den ersten Ort, der zweite ist die Arbeitsstelle und der dritte ein Platz für die Gemeinsamkeit im öffentlichen Raum. Jede Zeit habe ihren Dritten Ort hervorgebracht, so das Gründer-Trio des Cafés, das sich bereits aus Studententagen kennt und das Kommunal-Café 2014 eröffnete. Vorbild sei das Wiener Kaffeehaus oder der englische Pub gewesen.

Und tatsächlich herrscht in dem Café eine angenehm lockere Atmosphäre. Viele kommen mit ihrem Laptop hierher und verbringen Zeit an den unkonventionellen Tischen auf Paletten und Sesseln. Zum Konsum wird man nicht gedrängt. So ist es genauso in Ordnung, Stunden über einer Tasse Kaffee zu brüten oder mit Freunden ein ganzes Menü zu verspeisen. Die Bücherregale sorgen für eine heimische Atmosphäre und animieren zum Lesen, während die Sprüche an den Wänden dazu auffordern, das Leben zu genießen. Im ersten Stock gibt es größere Räume, die für Workshops oder Pop-up-Stores genutzt werden. Während der Wintermonate laden gleich zwei Terrassen mit schattigen Plätzen zum Verweilen ein.

Adresse Corniche Road, Villa T3, Tel. +971/26811877, www.thethirdplaceuae.com | Anfahrt Von der Corniche kommend in die Al Bateen Street abbiegen, dort liegt das Café gleich an der ersten kleinen Straße. | Öffnungszeiten täglich 8–23 Uhr | Tipp Zwischen 12–16 Uhr gibt es im Café einen preisgünstigen Mittagstisch. Oft werden Suppen und orientalische Süßspeisen angeboten. Und wer von hier aus zum A'l Bahar Beach möchte, kann die mit bunten Mosaiken geschmückte Unterführung an der Al Yazwah Street nehmen.

102 Train Yas

Perspektivenwechsel

Jeden Dienstag- und Sonntagabend öffnet die Formel-1-Strecke ihre Pforten für Sportbegeisterte und Bewegungsfreudige. Seit 2009 findet auf dem Yas Marina Circuit der Abu Dhabi Grand Prix statt, das letzte Rennen der Saison. Nicht nur für Formel-1-Fans ist es ein Erlebnis, einmal unten auf der Rennstrecke anstatt Meter entfernt auf den Tribünen zu stehen, die insgesamt 50.000 Zuschauer aufnehmen können. Auch diejenigen, die keine Motorsportfans sind, können sich leicht für diese Rennstrecke begeistern, die zu den modernsten und teuersten der Welt gehört. Entworfen wurde sie vom deutschen Ex-Rennfahrer und Bauingenieur Hermann Tilke, der vor allem viel Wert auf die Sicherheit der Fahrer legt.

Der Eintritt ist frei, nur eine Vorab-Registrierung ist notwendig. Willkommen sind alle: Marathonläufer, Rennradfahrer, Sportliche und solche, die es werden wollen. Die Besuchstage sind mit vielen Helfern und Streckenposten sehr gut organisiert. Die Piste wird mit Flutlicht hell erleuchtet. Um Unfälle so gut es geht zu vermeiden, fahren die Radfahrer auf der Rennstrecke in Fahrtrichtung, während diejenigen, die zu Fuß unterwegs sind, sich in Gegenrichtung bewegen.

Die Atmosphäre ist sehr entspannt und gleichzeitig motivierend. Es sind viele Gruppen unterwegs, und viele Unterhaltungen werden geführt. Musik ertönt aus den Lautsprechern. Die 5,5 Kilometer lange Runde führt durch neun Rechts- und zwölf Linkskurven und über die mit 1,2 Kilometer längste Gerade der Geschichte der Formel 1. Wem Laufen oder Treten zu mühsam ist, für den hält der Circuit jede Menge an Fahrerlebnissen bereit. Als Co-Pilot oder selbst am Steuer können Beschleunigungen von 0 auf 100 km/h in 2,8 Sekunden oder Höchstgeschwindigkeiten von 300 km/h erlebt werden. Nicht zuletzt ist da noch die Kartbahn, die jeden Tag von 16 Uhr bis Mitternacht geöffnet hat und sogar die Kleinen ab fünf Jahren willkommen heißt.

Adresse Marina Yas Circuit, Yas Island, Abu Dhabi, www.yasmarinacircuit.com, Registrierung unter: www.yasmarinacircuit.com/en/healthandfitness/registration | Anfahrt Über die E 12 nach Yas Island fahren, dort einfach den Schildern in Richtung Marina Circuit folgen. | Öffnungszeiten Di – Do 18 – 22 Uhr | Tipp An der Rennstrecke sind an einer Wand die Handabdrücke aller Gewinner der Formel-1-Rennen seit ihrer Eröffnung im Jahr 2009 zu sehen.

103 Der Trimm-dich-Pfad am Al-Manhal-Palast

Joggen, wo der Gründervater residierte

Früh am Morgen, wenn die Temperaturen auch in den Sommermonaten noch einigermaßen erträglich sind, kommen viele Anwohner der umliegenden Wohnanlagen an die Mauern des Palastes, um hier Sport zu treiben. Auf den spärlichen Grünflächen wird fernöstliche Gymnastik praktiziert oder um die Eingrenzung der Anlage herumgelaufen und geradelt. Seit 2021 erstrahlt der Rundweg in neuem Glanz: Auf 3,8 Kilometern Länge wurden Spezialbeläge verlegt und die Bahnen in Lauf- und Radstrecke unterteilt. Seitdem zieht es noch mehr Bewegungsfreudige an, die sich entlang der Sheikh Rashid bin Saeed Al Maktoum Street (Old Airport Road) bewegen. Dann biegt man rechts in die Al Falah Street ab, an der Mubarak bin Mohammed gleich noch mal, bis man das Viereck in der Al Fal Street beenden kann. 5.500 Schritte sind es einmal rundherum, mit nur wenigen Höhenmetern. Zwei Runden und das Tagessoll ist erfüllt! Ein Blick auf den Palast lässt sich bei der Rundtour nur schwer erhaschen. Zu hoch die, wenn auch schön gestalteten, Mauern, und Überwachungstürme gibt es ebenfalls.

An diesem zentral gelegenen Ort zwischen Corniche und Stadtmitte wohnte und regierte Scheich Zayid bin Sultan Al Nahyan bis 1974. Viele wichtige politische Entscheidungen wurden hier gefällt. Die teils zähen Verhandlungen um die Vereinigung der Scheichtümer am Golf nach dem Rückzug der Briten wurden in diesem Palast geführt – und 1971 schließlich zum Erfolg gebracht! Wenn auch ohne Bahrain und Qatar, die beide ihre Unabhängigkeit vorzogen.

Der Palast stand über 20 Jahre leer; in den 1990er Jahren wurde er teilweise renoviert. Es soll Pläne geben, den Palast in der Mitte des 57 Hektar großen Areals in neuem Glanz erstrahlen zu lassen und die Grünflächen in öffentliche Parks zu verwandeln. Bisher ist davon allerdings noch nichts zu sehen.

Adresse Al Falah Street Ecke Sheikh Rashid bin Saeed Street | Anfahrt Die Corniche im Rücken lassen und der Sheikh Rashid bin Saeed Street circa zwei Kilometer bis zur Al Falah Street folgen. | Tipp Die Deutsche Schule liegt keine 500 Meter entfernt in einem authentischen Viertel mit eindrucksvoller Moschee und traditionellen Wohnhäusern.

104_Der Trödelladen

Allerlei vom Subkontinent

Im Heritage Touch reihen sich Tische aneinander, Spiegel stapeln sich auf Kommoden. Tabletts, Kerzenständer und Dekoration sind mittendrin versteckt. Neben mit Kamelköpfen verzierten Schemelchen und Hockern mit Elefantenbeinen stehen bunte Standuhren. Schatztruhen gibt es hier in allen erdenklichen Größen und Stilrichtungen. Dutzende Bilderrahmen aus Holz schichten sich aufeinander. Die meisten der angebotenen Möbel kommen aus den Werkstätten der indischen Provinz Rajasthan, wo noch weitgehend manuell gefertigt wird. Es herrscht eine derartige Dichte an Dingen, die entdeckt werden wollen, dass man genau hinschauen muss. Leicht vergisst man dabei die Zeit, und ein halber Vormittag ist schnell vorüber.

Der riesige Laden, den man schon eher ein Lager nennen könnte, hat im Erdgeschoss vor allem Möbel ausgestellt. Hier wechseln sich Beistelltischchen in feinster indischer Handwerkskunst mit schlichteren, klobigen Holzmöbeln ab, die eher vom arabischen Stil beeinflusst sind. Dazwischen immer wieder Messingkannen, Holzkamele oder Modellelefanten. Auch Teppiche, meist aus Afghanistan, werden angeboten.

Im zweiten Stock ist dann jede Menge Kleinkram zu finden: Schals, Tischläufer, Aschenbecher, Glückselefanten, Taschen und bestickte Kissen. Beinahe fühlt man sich wie auf einem indischen Straßenmarkt. Auch eine Vielzahl an Stühlen steht zum Verkauf – es fällt schwer, vier gleiche Sitzgelegenheiten zu finden! Aber wer hierherkommt, sucht Originalität und keine Perfektion. Da es kein festes Sortiment gibt, lohnt es sich, regelmäßig vorbeizuschauen. Wer ohne konkrete Vorstellungen kommt, wird hier sicherlich überrascht und verlässt den Laden nicht ohne ein persönliches Lieblingsstück. Selbstverständlich ist Handeln hier erlaubt.

Heritage Touch hat noch weitere kleinere Dependancen, zum Beispiel im Carrefour – Airport Road oder im Souk Qaryat Al Beri und im Emirates Palace.

Adresse Mina Port hinter dem Coop | Anfahrt Die Corniche bis zum Zayed Port fahren, dort auf die Al Luluah Street links abbiegen. Am zweiten Kreisverkehr links abbiegen Richtung Coop. Der Laden liegt gleich gegenüber. | Tipp In Marsa Mina werden Kreuzfahrtschiffe abgefertigt. Im Jahr 2019 kamen mehr als eine halbe Million Touristen mit den Cruises in Abu Dhabi an.

105 Urban RetrEAT

Jungköche mit Unternehmerblut gesucht

Herkömmliche Fast-Food-Anbieter haben im Urban RetrEAT keinen Platz. Die Container, die in der Yas Mall an beiden Seiten der Ebene 2 aufgebaut wurden, stehen nur einheimischen Jungköchen und frischgebackenen Unternehmern zu Verfügung. Sie sollen hier den ersten Schritt zum eigenen Restaurant und in die Selbstständigkeit wagen können, ohne sich gleich in kostspielige Investitionen zu stürzen oder sich mit Regularien beschäftigen zu müssen. Der Restaurant-Markt in den Emiraten ist heiß umkämpft, die Mieten sind oft horrend. In der Yas Mall soll es einzig und allein ums Kochen gehen, und darum, die Gäste vom eigenen Essenskonzept zu überzeugen. Die Container sind mit Küchen, Arbeitsflächen und Kühlschränken ausgestattet, im Essbereich stehen bunte Stühle und Tische. Einige der Container bieten sogar Essplätze auf dem Dach an.

Alle drei bis sechs Monate werden die zwölf Container an neue Unternehmer vergeben, die dann hier ihren Marktwert testen können. Gesunde Ernährung mit regionalen Zutaten soll im Vordergrund stehen, und transparente Lieferketten werden gefördert. Auf Plastik verzichtet man weitestgehend. Darüber hinaus ist der Gründerin Dana Al Shari die kulinarische Vielfalt ein Anliegen. Deshalb wird in den Containern Wert auf eine möglichst abwechslungsreiche Auswahl der angebotenen Speisen gelegt. Man fühlt sich schnell wohl, sei es zum Essen oder zum Arbeiten. Das urbane Dekor ist gelungen; die Verkäufer an den Containern sind sehr bemüht um ihre Kunden, und es herrscht eine entspannte Atmosphäre. Es gibt eine großzügige Kinderspielecke sowie die Möglichkeit, Bücher und Spiele zu entleihen. Ein wenig fühlt man sich wie in einem Gemeindezentrum.

Beispiele für Jungunternehmer, die es geschafft haben, gibt es bereits: Das Seafood-Restaurant Off the Hook hat hier seine ersten Shrimps serviert und betreibt inzwischen mehrere Filialen in der Stadt.

Adresse Yas Mall, Yas Island, Level 1, Shop L 1-052, www.urbanretreat.me | **Anfahrt** Über die E 12 nach Yas Island fahren. Dort die Abfahrt zur Ferrari World nehmen und weiter zur Yas Mall. | **Öffnungszeiten** So–Do 10–22 Uhr, Fr, Sa 10–24 Uhr | **Tipp** The Fountains, eine von Springbrunnen gesäumte Promenade gleich gegenüber, ist der einzige Ort in der Mall, an dem man auch mal frische Luft schnappen kann.

106 Wahat Al Karama

Wo die Moschee kopfsteht

Während sich unzählige Touristen durch die Scheich-Zayid-Moschee drängen, um Fresken und Mosaiken auf Böden und Säulen aus nächster Nähe zu betrachten, kann man das imposante Bauwerk in aller Ruhe vom gegenüberliegenden Denkmal Wahat Al Karama aus in Augenschein nehmen. Die dazwischenliegende Stadtautobahn sorgt für einen idealen Abstand, um die Moschee in ihrer ganzen Größe zu sehen. Ihre vier Minarette rahmen die unzähligen Kuppeln perfekt ein.

In der Mitte der »Oase der Würde«, wie das Denkmal zu Ehren der Emirati, die für ihr Land ihr Leben ließen, übersetzt heißt, wurde ein rundes Becken in den Travertin eingelassen. Nur 15 Millimeter Tiefe reichen aus, um die großartige Silhouette von gegenüber auf einer Wasseroberfläche zu spiegeln. Vor allem bei Sonnenuntergang ist der Anblick atemberaubend. Kaum ist die Sonne hinter dem weißen Marmor verschwunden, wird die Moschee in unzähligen Farben beleuchtet.

Salem Suhail bin Khamis hieß der erste derjenigen Helden, an die jedes Jahr am 30. November anlässlich des 2015 ins Leben gerufenen Commemoration Days erinnert wird. Er war erst 20 Jahre alt, als er sich weigerte, den Iranern auf den Tunb-Inseln seine Polizeistation zu überlassen. Bis heute stehen diese für beide Länder strategisch wichtigen Inseln unter iranischer Herrschaft.

Das Areal erstreckt sich über 46.000 Quadratmeter und ist in verschiedene Abschnitte gegliedert. Im »Memorial« geben sich 31 mit Aluminium ummantelte Stahlsäulen des britischen Künstlers Idris Khan gegenseitig Halt. Verziert sind sie mit Gedichten und Zitaten der emiratischen Herrscher. Im »Pavilion of Honor« sind sämtliche Namen der Märtyrer auf Platten eingraviert, die aus gepanzerten Militärfahrzeugen hergestellt wurden. Über der halb offenen Halle finden sich statt einer Decke acht übereinanderliegende beschichtete Platten – sieben symbolisieren die einzelnen Emirate, die achte soll die Ehre verkörpern.

Adresse Wahat Al Karama Street, Abu Dhabi, www.wahatalkarama.ae | **Anfahrt** Über die E 10 in Richtung Scheich-Zayid-Moschee fahren. Die Sheikh-Zayed-Brücke links liegen lassen und über das große Verkehrskreuz weiter geradeaus. Wahat Al Karama liegt links. | **Öffnungszeiten** Das Besucherzentrum ist von 9–20 Uhr geöffnet. Die Memorial Plaza kann bis 22 Uhr besucht werden. Der Eintritt ist frei. | **Tipp** Der ehemalige Offiziersclub Abu Dhabi Armed Forces Officer's Club von 1997 war ursprünglich Mitgliedern der Armee vorbehalten. 2022 wurde der Club neu unter dem Namen Erth als Hotel der Spitzenklasse eröffnet. Das Hauptgebäude sieht von oben aus wie ein Falke.

107_Warehouse421

Auf Identitätssuche

Dort, wo nichts existiert, ist nahezu alles möglich, der Raum weit offen für Kreativität. Diese Gesinnung war sicherlich häufig in den Hinterköpfen der Bauherren und Planer, die in den Emiraten Bauprojekte verwirklichten. Das hat sich geändert – das Bedürfnis, sich auf das kulturelle Erbe zu beziehen, eine Verbindung zwischen der eigenen Geschichte und der Gegenwart herzustellen, spielt heute eine wichtige Rolle. Deshalb sieht vermutlich auch das Warehouse421 heute so aus, wie es dort im Mina Zayed steht. Schon der Name nimmt Bezug auf die einstigen Lagerhallen, in denen sich heute ein attraktiver Ausstellungsort befindet. Man hat eben nicht alle alten Gebäudereste entfernt, sondern weite Teile davon stehen gelassen und mit Hilfe der alten Substanz so moderne Architektur geschaffen. Von außen wurden die ehemaligen Lagerhallen mit einem wetterfesten Cortenstahl verkleidet, der beim Nähertreten aussieht wie ein sehr grobmaschiger Eisenzaun mit wabenförmigem Muster. Vor dem Gebäude liegt eine neu angelegte Plaza.

Verantwortlich für die Umgestaltung des gesamten Komplexes ist die Bjarke Ingels Group, kurz BIG, ein Verbund von Architekten und Designern, die auch am Entwurf für die Google-Zentrale in Mountain View beteiligt waren. 2017 wurde das Warehouse421 mit einem dreitägigen Festival eröffnet. Heute gibt es hier Filmvorführungen, Workshops und spannende Kunstausstellungen. Anliegen ist, aufstrebenden Talenten aus den Emiraten und dem Mittleren Osten Raum für Kreativität zu geben; aber auch internationale Künstler stellen aus. Zu sehen ist, was in der Region im Trend liegt. Werfen Sie auch einen Blick auf das 18 Meter lange Eisenboot draußen. Es ist eine Arbeit von Xavier Mascaró, einem spanischen Künstler, dessen Arbeiten hier 2016 in Verbindung mit Texten von emiratischen Fischern gezeigt wurden – Kunst als identitätsstiftende Kraft.

Adresse Zayed Port, Rutam Street, Abu Dhabi, Tel. +971/26768803, www.warehouse421.ae | **Anfahrt** Am Ende der E10 rechts halten und der Al Meena Street immer folgen. An ihrem Ende links halten und in Richtung Hafen und weiter zur Rutam Street. Parkplätze sind vorhanden. | **Öffnungszeiten** Di–So 10–20 Uhr, Mo geschlossen, Eintritt kostenlos | **Tipp** Wer gerne auf Fototouren geht, freut sich sicher über den Dhow-Schrottplatz, der ebenfalls hier in Mina Port einige Meter weiter zu finden ist. Hier liegen ausgemusterte Dhow-Boote auf Asphalt auf und geben Blicke auf Rumpf und Ruder frei.

108 Das World Trade Center

Handel und Wandel

Hier soll sich alles ums Geschäft drehen. Ursprünglich sollten die beiden Türme bereits 2010 fertiggestellt werden. Die Finanzkrise verzögerte das Projekt allerdings. Seit 2014 nun ergänzen Burj Mohammed bin Rashid und der Trust Tower die Skyline Abu Dhabis auf eindrucksvolle Weise. Bei Ersterem handelt es sich sogar um das höchste Gebäude im Emirat überhaupt und eines der höchsten Apartmenthäuser weltweit. Auf 88 Etagen sind hier in erster Linie luxuriöse Wohnungen entstanden. Mit Blick auf den Arabischen Golf und mit allen erdenklichen Freizeitmöglichkeiten ausgestattet, ist der Tower ein äußerst opulentes Quartier. In den unteren Stockwerken befindet sich die World Trade Center Mall.

Charakteristisch bei beiden Bauten sind die wellenförmigen Fassaden mit ihrer reflektierenden Oberfläche. Sie wurden speziell für die staubige Umgebung entworfen und sollen nicht allzu viel Pflege brauchen. Der Sand, der in alle Ritzen kriecht – das ist in dieser Region immer ein Thema. Das hier eingesetzte Glas sorgt mit innen liegender Beschattung zudem dafür, energieeffizient zu klimatisieren. Auch über die Oberflächen der Türme wird die Sonneneinwirkung reguliert.

Aus der Entfernung kann man die geschwungene Form der zwei Dächer erkennen, die ein wenig an eine alte maurische Kachel erinnert. Das sieht besonders schön im Dunkeln aus, denn dann werden sie erleuchtet. Im Trust Tower sind hauptsächlich Büros untergebracht. Der Skyscraper ist mit 278 Metern deutlich kleiner als sein großer Bruder. Auch er schließt mit einem abgeschrägten Dach ab. Beide Türme überragen den Souk Central Market. Dort wurde der traditionelle Basar modern interpretiert; außerdem ist hier das Hotel Courtyard by Marriott untergebracht. Für den gesamten Komplex zeichnet Foster + Partners verantwortlich und hat damit zweifelsohne ein neues markantes Wahrzeichen in Abu Dhabi geschaffen.

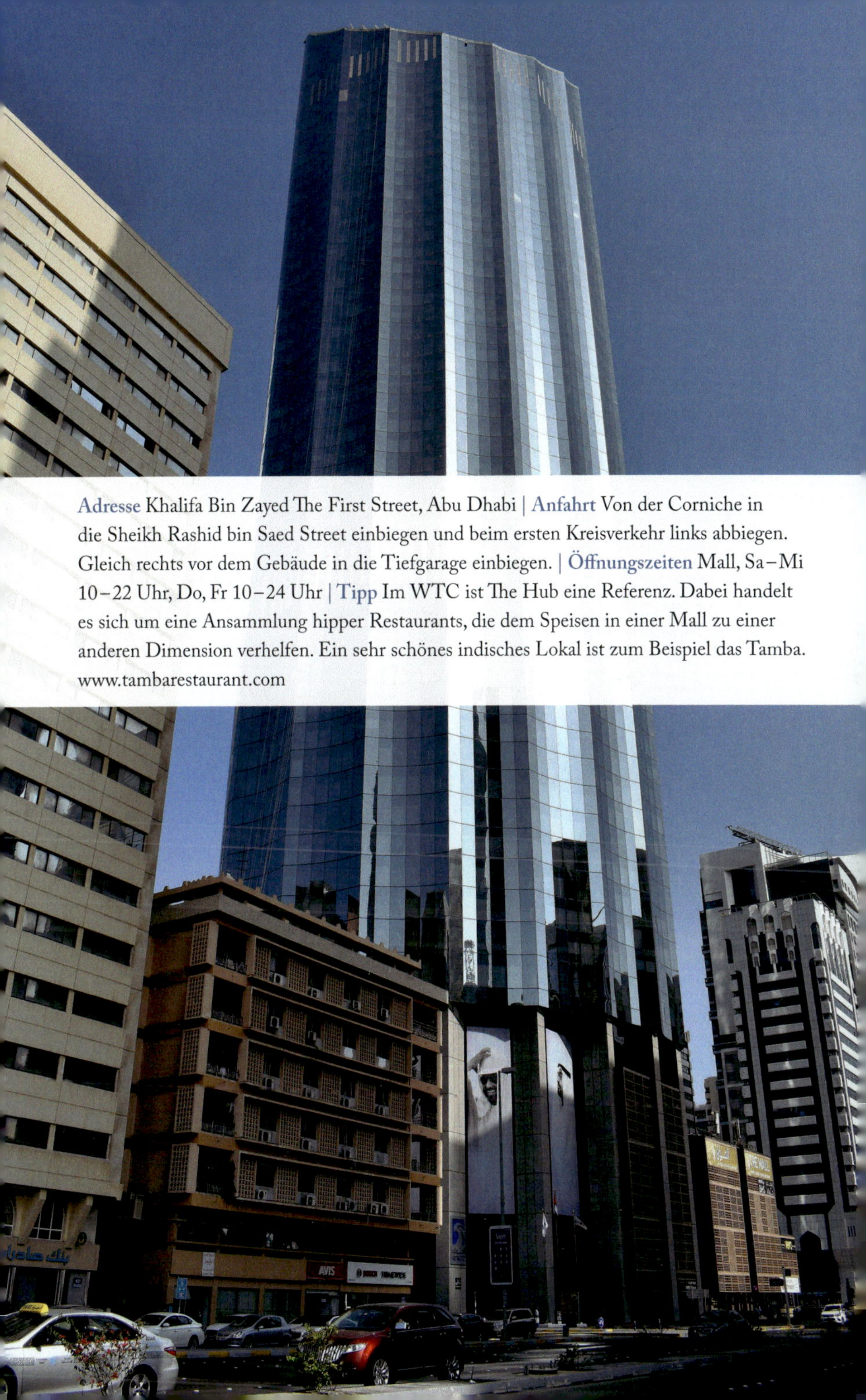

Adresse Khalifa Bin Zayed The First Street, Abu Dhabi | **Anfahrt** Von der Corniche in die Sheikh Rashid bin Saed Street einbiegen und beim ersten Kreisverkehr links abbiegen. Gleich rechts vor dem Gebäude in die Tiefgarage einbiegen. | **Öffnungszeiten** Mall, Sa–Mi 10–22 Uhr, Do, Fr 10–24 Uhr | **Tipp** Im WTC ist The Hub eine Referenz. Dabei handelt es sich um eine Ansammlung hipper Restaurants, die dem Speisen in einer Mall zu einer anderen Dimension verhelfen. Ein sehr schönes indisches Lokal ist zum Beispiel das Tamba. www.tambarestaurant.com

109_Yas Marina

Tummelplatz für Sportbegeisterte

Diese ganze Insel ist eine riesige Spielwiese für sportliche Aktivitäten. Die Hauptattraktion ist natürlich der Yas Marina Circuit (siehe Kapitel 101), ein Muss für Liebhaber des Rennsports. Die Yas Marina ist der Yachthafen, der sich ganz in der Nähe der Rennstrecke befindet. An der quirligen Ausgehmeile herrscht vor allem am Abend eine lebendige Atmosphäre. Dann flanieren hier Familien, eine große Auswahl an Restaurants lädt zum Verweilen ein. Während der Formel-1-Rennen finden im Hafen zahlreiche Partys und große Events statt.

Insgesamt bietet Yas Marina 227 Nass- und 93 Trockenliegeplätze. Rundumservice sorgt dafür, dass auch anspruchsvolle Yachtbesitzer sich wohlfühlen. Während der Rennen gehört es zum guten Ton, sich hier mit einem pompösen Luxusboot blicken zu lassen. Zumal einige Liegeplätze gute Sicht auf die Piste gewähren.

Ist man nicht mit dem eigenen Schiff vor Ort, gibt es die Möglichkeit, eine Tour auf einem der sogenannten Yellow Boats zu unternehmen. Während der 75-minütigen Fahrt sieht man den Strand und die Mangroven der Insel und hat außerdem einen Blick aus anderer Perspektive auf die Rennstrecke. Auch größere Boote können hier gechartert werden: Der Anbieter Azure offeriert diesen Service das ganze Jahr über.

Vom Yachthafen aus hat man auch eine tolle Aussicht auf das spektakuläre W-Hotel. Diese Hotelkette ist Teil der Marriott-Gruppe und sorgt seit Jahren weltweit mit luxuriösem Designer-Ambiente für Furore. Klar, dass gerade in Abu Dhabi alles nur vom Feinsten ist. Ab und an ist die Ausstattung so üppig, dass es beinahe schon surreal wirkt. Ein Teil des Hotels wurde innerhalb der Piste errichtet, ein weiterer am Hafen. Verbunden sind beide Bereiche durch eine Brücke aus Stahl und Glas in Netzstruktur. Wird es am Abend beleuchtet, sieht es aus einiger Entfernung ein bisschen so aus, als würde sich ein Wal an Land bewegen.

Adresse Yas Marina, Yas Island, Abu Dhabi | **Anfahrt** Über die E 12 gelangt man nach Yas Island. Dort die zweite Abfahrt in Richtung Yas Marina Circuit nehmen, dann links halten zum Yachthafen. | **Tipp** Die W-Lounge im oben erwähnten Hotel wartet mit buntem Design und vielfältigem Getränkeangebot auf. Von hier aus hat man auch einen hervorragenden Blick auf die Rennstrecke.

110 Youth X Hub

Wo die Jugend die Welt von morgen entwirft

Den Begriff *Youth Hub* einfach mit Jugendzentrum zu übersetzen, würde den Ambitionen dieser Institution nicht gerecht. Immerhin bezeichnet es sich selbst als das beste seiner Art. Das X im Namen ist Symbol für eine ganze Generation, steht aber auch für die römische Zahl 10 oder für das Multiplizieren.

Das Gebäude, das an einen Vogel im Flug erinnert, war ursprünglich Sitz eines Formel-1-Clubs. Anschließend stand es fast zehn Jahre leer, bevor die Umbauten begannen. Entstanden ist ein multimediales, kreatives Zentrum der Extraklasse, ausgestattet mit neuester Technologie, Seminar- und Konferenzräumen, einem Theater, Schreibtischen sowie Computern und Druckern – Letztere auch in 3-D-Versionen. Insgesamt 30 Zonen sind hier über drei Stockwerke verteilt. Im sogenannten »Incubator« (zu Deutsch: Brutschrank) zum Beispiel sollen gezielt Unternehmensgründungen gefördert werden; das The Wave will Musiktalente unterstützen.

Die Jugend steht in den Emiraten im Mittelpunkt; 50 Prozent sind unter 35 Jahre alt. Ein ganzes Ministerium widmet sich der neuen Generation. Dem steht Shamma bint Suhail Al Mazrui vor, die 2016 mit nur 22 Jahren als jüngste Ministerin überhaupt ihr Amt antrat. Allein durch ihr Alter bringt die Oxford-Absolventin das nötige Einfühlungsvermögen und viel Empathie für diesen Posten mit. Für die Jugend werden viele Anreize geschaffen. Es gibt ein Recht auf eine weiterführende Schule, Jugendzentren und Stipendien für emiratische Studenten im Ausland. So haben die VAE eine der höchsten Teilnahmerraten an internationalen Universitäten; vor allem Frauen zieht es in die Ferne. Insgesamt elf Jugendzentren wurden während der letzten Jahre in den Emiraten aufgebaut und bilden nun Treffpunkte für Unternehmer, Gründer, Studenten und Schüler. Das Angebot richtet sich an 15- bis 35-Jährige – laut Inschrift am Eingang ist aber jeder willkommen, der einen jungen Verstand hat.

Adresse 305 Corniche Road, Al Zayhiyah | Anfahrt Der Corniche in Richtung Mina Port folgen. Der Youth X Hub liegt im Heritage Park auf der rechten Seite, kurz bevor es links zum Hafen abgeht. | Öffnungszeiten täglich 8–22 Uhr | Tipp Für den Entwurf des Campus der ebenfalls in Abu Dhabi ansässigen New York University konnte das amerikanische Architekturbüro von Rafael Viñoly gewonnen werden. Eindrucksvoll ist vor allem das Rote Theater des dazugehörigen Performing Arts Center. Hier und in weiteren Sälen gibt es Konzerte oder Filmvorführungen.

111 Das Zayed Heritage Center

Relikte einer Ära

Das Zayed Center for Studies and Research ist auch bekannt als Sheikh Zayed Heritage Center. Es liegt am Hafen von Al Bateen, gleich hinter dem südafrikanischen Restaurant Tashas (siehe Kapitel 96). Auf dem großzügigen Gelände befinden sich mehrere sandfarbene Gebäude in arabischem Stil, und schon allein sie, geschmückt mit Ornamenten, Windtürmen und massiven Holztüren, lohnen einen Besuch. Der Blick auf den Hafen Al Bateen, die Etihad Towers und das offene Meer von hier aus ist umwerfend.

Das 2009 eingeweihte Museum ist im Hauptgebäude der Anlage untergebracht. Gewürdigt wird hier der Mann, der 1971 die Emirate vereinte und bis zu seinem Tod 2004 als Präsident führte. Die rasante Entwicklung der jungen Nation vom Perlenfischerdorf hin zum modernen Staat ist untrennbar mit der Hingabe, mit der er sein Land führte, verbunden. Viele Fotos Sheikh Zayids schmücken die Wände. Zu sehen ist er dort mit Staatsoberhäuptern wie Königin Elizabeth II. und bei verschiedensten Tätigkeiten als Landesvater und Privatmann. Autos werden präsentiert, die Sheikh Zayid selbst fuhr oder in denen er einst befördert wurde. Gastgeschenke wie ein Stoßzahn aus dem Sudan sind ausgestellt, außerdem Jagdgewehre, Geweihe, ausgestopfte Tiere – darunter auch seine Haustiere – wie ein Löwe und ein Gepard.

Ein bisschen angestaubt scheint es vielleicht, insgesamt aber ist es eine sehr liebe- und respektvolle Hommage an den großen Staatsmann. Das Museum hat auch einen Rekord zu bieten: Es beherbergt das weltweit größte, aus Briefmarken hergestellte Mosaik! Für das vier mal sechs Meter große Porträt Sheikh Zayids gab es 2005 eine Urkunde vom Guinnessbuch der Rekorde. Neben der Ausstellung über den Gründervater der VAE sind außerdem ein Postmuseum und eine Ausstellung über die Geschichte der Entdeckung des Erdöls bis hin zu dessen heutiger Förderung untergebracht.

Adresse 92, Al Quffal Street, Al Bateen, Abu Dhabi | **Anfahrt** Über die King Abdullah Bin Abdulaziz Al Saud Street rechts in die Al Quffal Street abbiegen. Am Kreisverkehr umdrehen und ins Heritage Center einbiegen und dort parken. | **Öffnungszeiten** So–Do 8–14 Uhr, der Eintritt ist frei | **Tipp** Wake Up Adventures bringt Wassersportfans von Al Marsa Al Bateen aus zum Kitesurfen auf traumhafte Inseln im Westen Abu Dhabis. www.wakeupadventures.com/destination/abu-dhabi-western-islands

1
3
ABU DHABI
Abu Al Abyad
Al Mirfa
18
Habshan
Liwa
86
Hamim
82

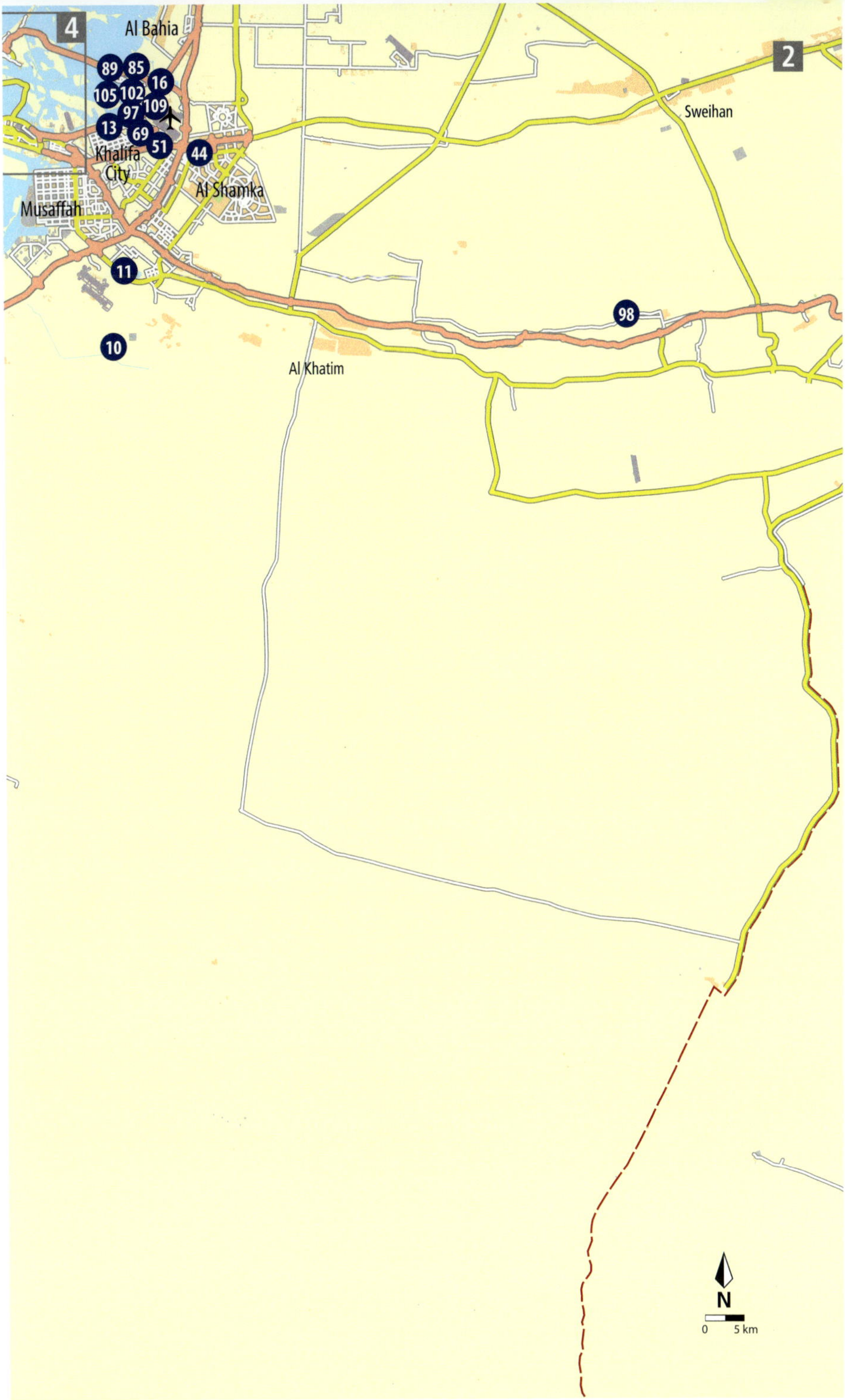

4
Al Bahia
89
85
16
105
102
109
97
13
69
51
44
Khalifa City
Al Shamka
Musaffah
11
10
2
Sweihan
98
Al Khatim
N
0
5 km

3
AL MINA
AL ZAHIYAH
ZAYED CITY
AL MARINA
AL HISN
AL MANHAL
AL KHALIDIYAH
AL NAHYAN
AL RAS AL AKHDAR
AL RAWDAH
AL ETIHAD
AL BATEEN
AL MUSHRIF
HUDARIYAT INSEL
N
0
1 km

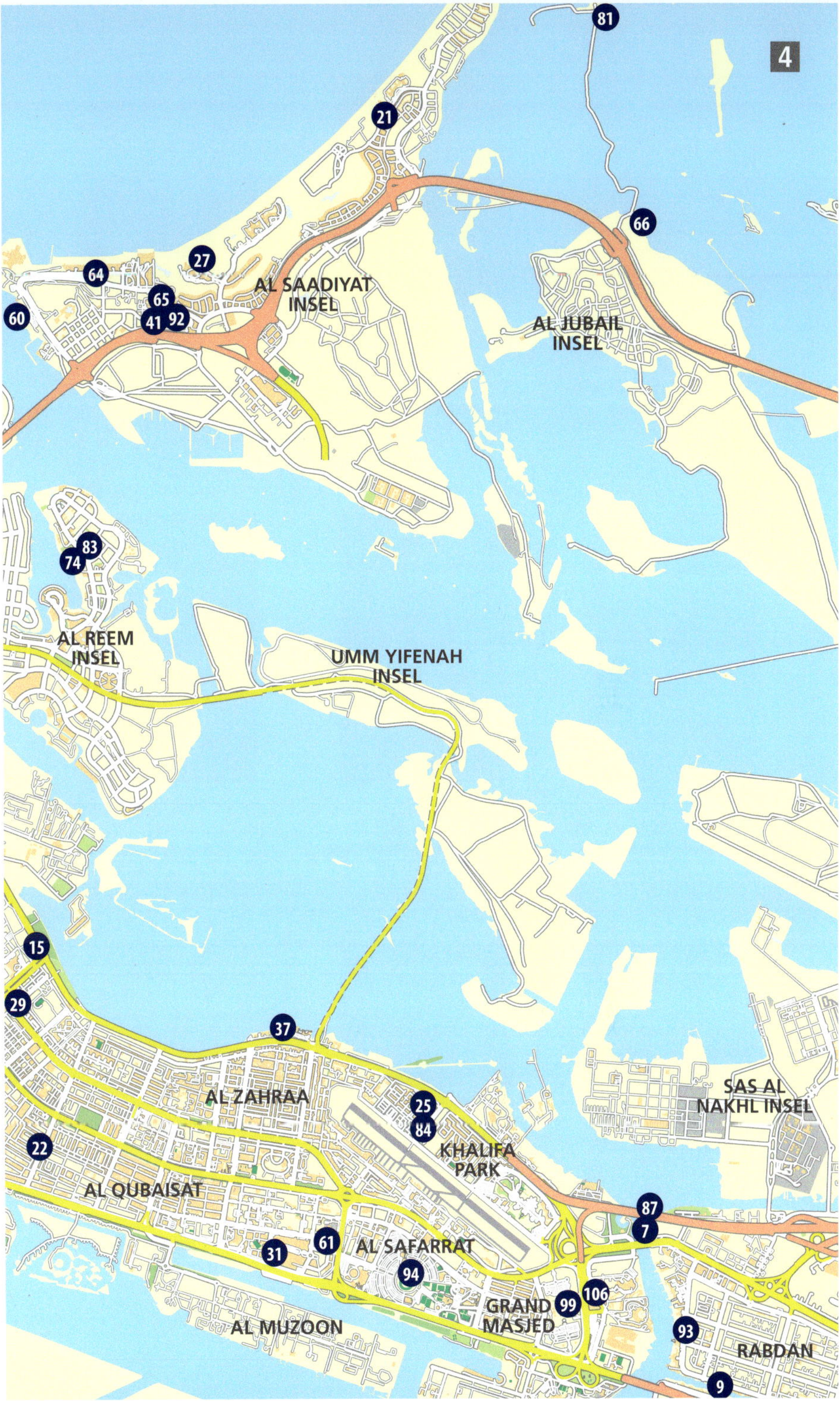

4
AL SAADIYAT INSEL
AL JUBAIL INSEL
AL REEM INSEL
UMM YIFENAH INSEL
SAS AL NAKHL INSEL
AL ZAHRAA
KHALIFA PARK
AL QUBAISAT
AL SAFARRAT
GRAND MASJED
AL MUZOON
RABDAN
81
21
66
27
64
65
60
41
92
83
74
15
29
37
25
84
22
87
7
61
31
94
99
106
93
9

Annett Klingner
111 Orte in Dubai, die man gesehen haben muss
ISBN 978-3-7408-0647-7

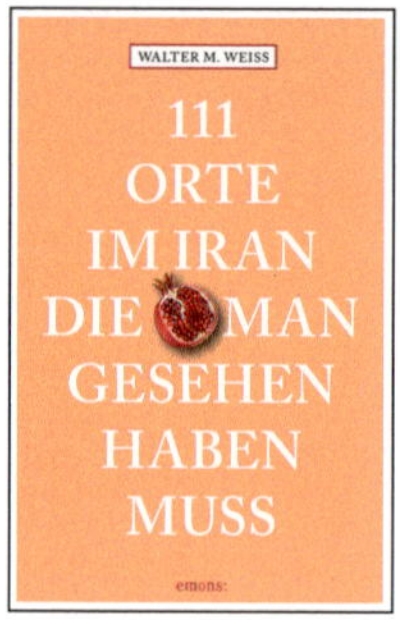

Walter Weiss
111 Orte im Iran, die man gesehen haben muss
ISBN 978-3-7408-0402-2

Walter M. Weiss, Ulrich Wernery
111 Dinge über Kamele, die man wissen muss
ISBN 978-3-7408-1206-5

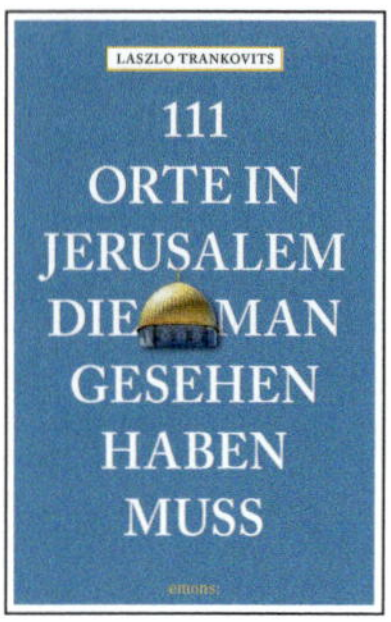

Laszlo Trankovits
111 Orte in Jerusalem, die man gesehen haben muss
ISBN 978-3-7408-0390-2

Andrea Livnat
111 Orte in Tel Aviv, die man gesehen haben muss
ISBN 978-3-7408-0725-2

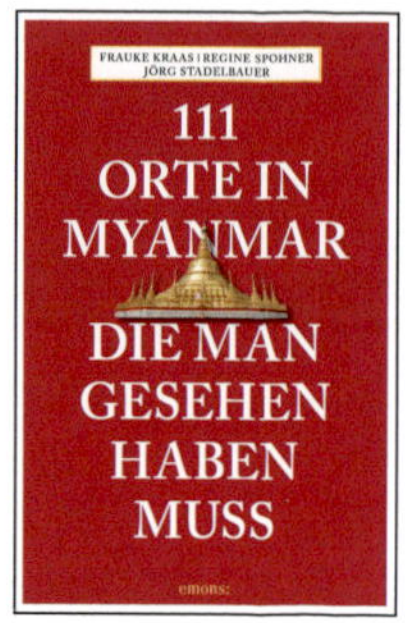

Frauke Kraas, Regine Spohner, Jörg Stadelbauer
111 Orte in Myanmar, die man gesehen haben muss
ISBN 978-3-7408-0149-6

Theo B. Pagel, Brian Batstone
111 Dinge über Elefanten, die man wissen muss
ISBN 978-3-7408-0349-0

Christoph Hein, Sabine Hein
111 Orte in Singapur, die man gesehen haben muss
ISBN 978-3-7408-0337-7

Stefanie Thiedig, Xie Kaijin
111 Orte in Peking, die man gesehen haben muss
ISBN 978-3-7408-0250-9

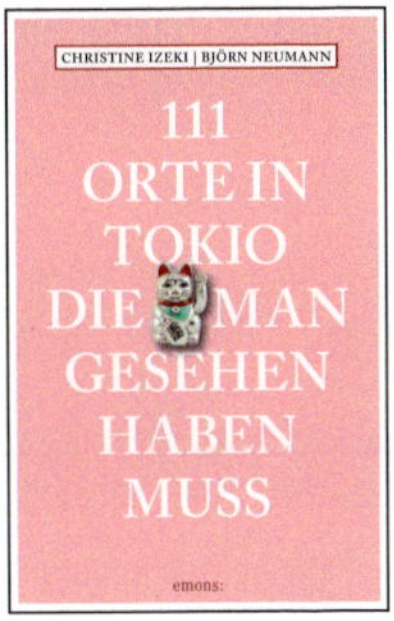

Christine Izeki, Björn Neumann
111 Orte in Tokio, die man gesehen haben muss
ISBN 978-3-7408-0117-5

Kathrin Bielfeldt, Raymond Wong
111 Orte in Hongkong, die man gesehen haben muss
ISBN 978-3-95451-914-9

Nicole Beste-Fopma, Alexandra Steffens-Klein
111 Orte in Shanghai, die man gesehen haben muss
ISBN 978-3-7408-1299-7

Antje Allroggen
111 Orte auf Mauritius, die man gesehen haben muss
ISBN 978-3-7408-0119-9

Franziska Lô
111 Orte in Costa Rica, die man gesehen haben muss
ISBN 978-3-7408-0245-5

Beate C. Kirchner
111 Orte in Rio de Janeiro, die man gesehen haben muss
ISBN 978-3-95451-843-2

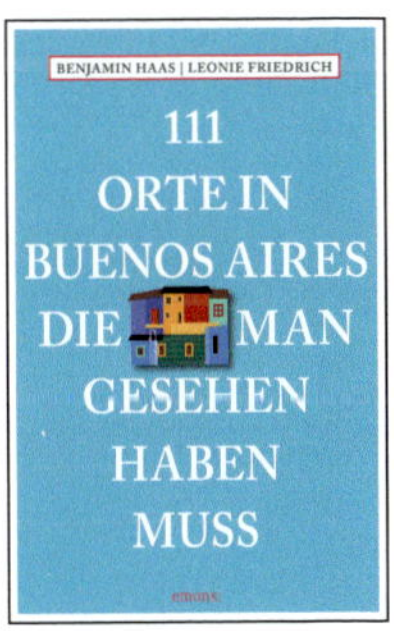

Benjamin Haas, Leonie Friedrich
111 Orte in Buenos Aires, die man gesehen haben muss
ISBN 978-3-95451-835-7

Henrike von Speßhardt
111 Orte in Sydney, die man gesehen haben muss
ISBN 978-3-7408-1355-0

David Doroghy, Graeme Menzies
111 Orte in Vancouver, die man gesehen haben muss
ISBN 978-3-7408-1015-3

Jo-Anne Elikann,
Susan Lusk (Hrsg.)
111 Orte in New York, die man gesehen haben muss
ISBN 978-3-95451-512-7

Amy Bizzarri
111 Orte in Chicago, die man gesehen haben muss
ISBN 978-3-7408-0355-1

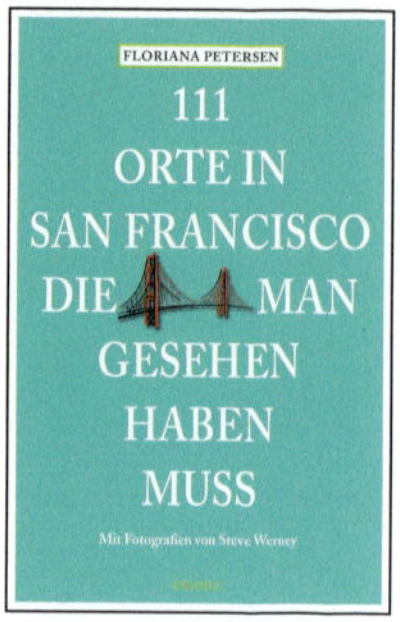

Floriana Petersen
111 Orte in San Francisco, die man gesehen haben muss
ISBN 978-3-95451-750-3

Laurel Moglen, Julia Posey
111 Orte in Los Angeles, die man gesehen haben muss
ISBN 978-3-7408-0125-0

Gordon Streisand
111 Orte in Miami und auf den Keys, die man gesehen haben muss
ISBN 978-3-95451-846-3

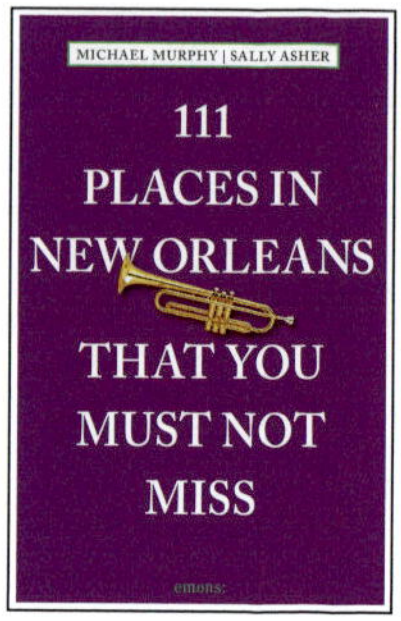

Michael Murphy, Sally Asher
111 Orte in New Orleans, die man gesehen haben muss
ISBN 978-3-95451-860-9

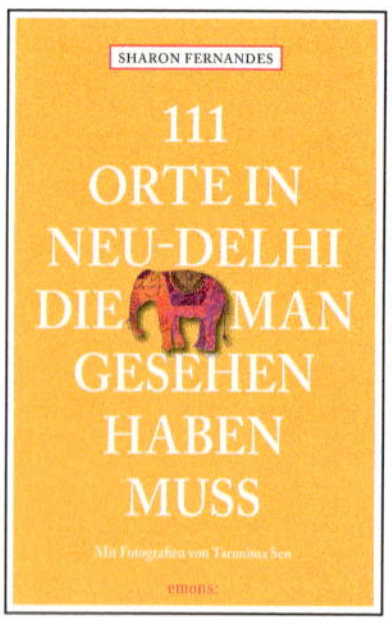

Sharon Fernandes
111 Orte in Neu-Delhi, die man gesehen haben muss
ISBN 978-3-95451-862-3

Dorothee Fleischmann,
Carolina Kalvelage
111 Orte im Weserbergland, die man gesehen haben muss
ISBN 978-3-7408-1511-0

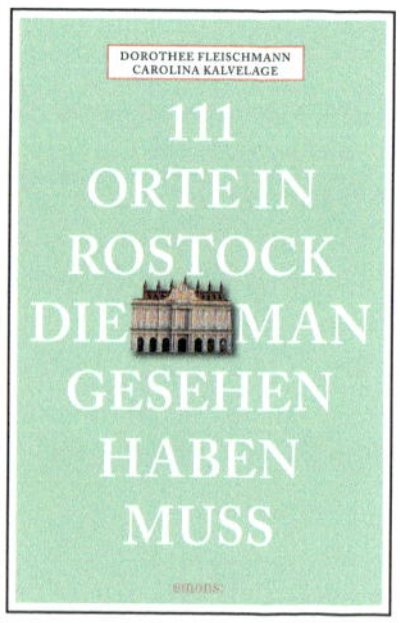

Dorothee Fleischmann,
Carolina Kalvelage
111 Orte in Rostock, die man gesehen haben muss
ISBN 978-3-7408-1076-4